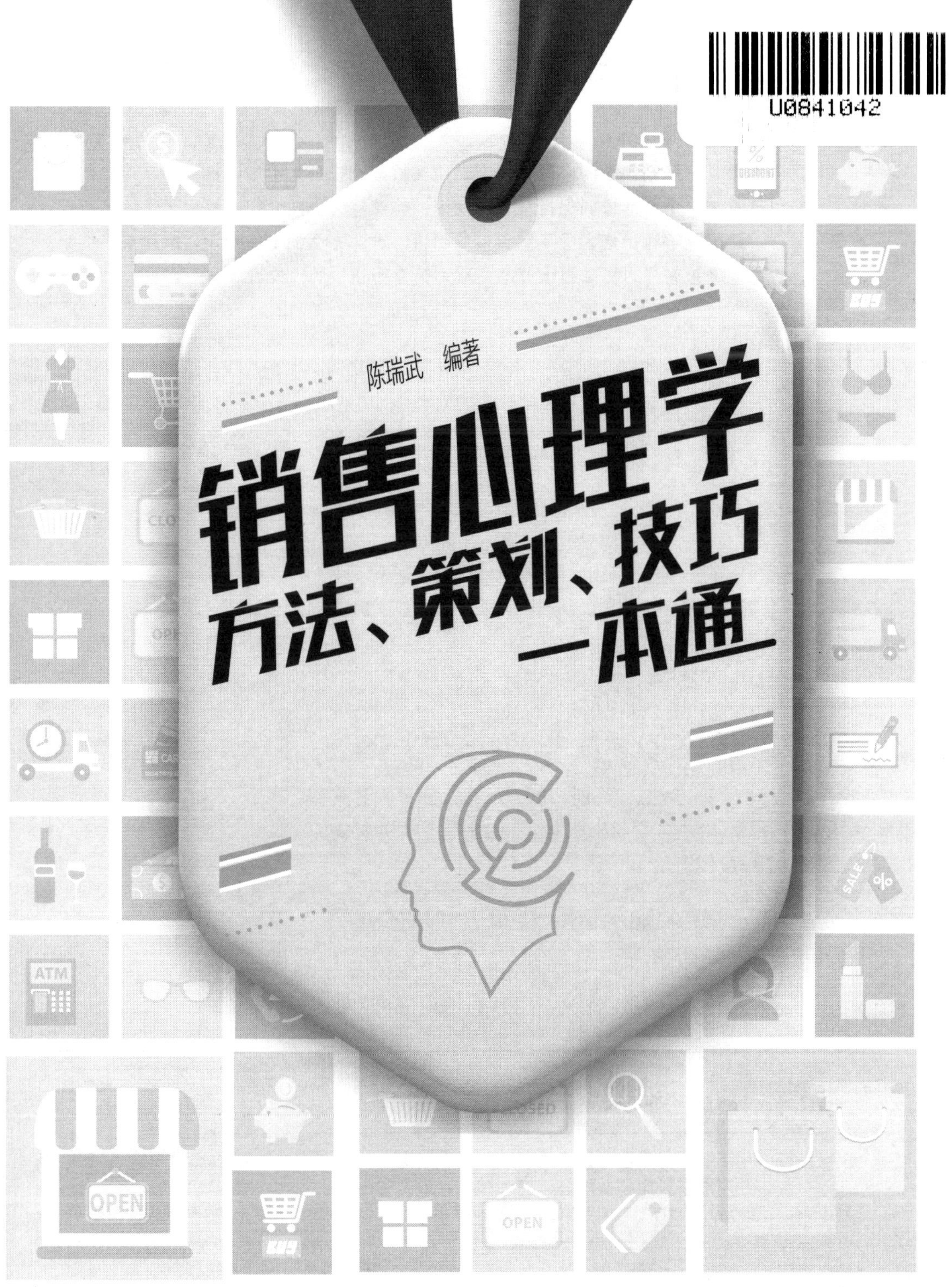

化学工业出版社
·北京·

销售其实就是一场买方与卖方的心理战，《销售心理学：方法、策划、技巧一本通》一书就是向大家介绍了销售中的心理学知识，用实战案例告诉大家如何操作，从建立信任感、不要过度承诺、个人形象的保持及专业知识的构建等方面做介绍，提出了具体的心理策略和方法。希望能够让销售人员了解更多的销售心理学方面的专业知识，掌握更多的销售技巧，更好地掌控客户，提高销售业绩，成为销售行业中的佼佼者。

图书在版编目（CIP）数据

销售心理学：方法、策划、技巧一本通/陈瑞武编著. —北京：化学工业出版社，2018.8 （2020.9重印）

ISBN 978-7-122-32496-2

Ⅰ.①销… Ⅱ.①陈… Ⅲ.①销售-商业心理学 Ⅳ.①F713.55

中国版本图书馆CIP数据核字（2018）第136827号

责任编辑：刘 丹　　装帧设计：王晓宇

责任校对：宋 夏

出版发行：化学工业出版社（北京市东城区青年湖南街13号 邮政编码100011）

印 装：三河市延风印装有限公司

710mm×1000mm 1/16 印张$10\frac{1}{2}$ 字数167千字 2020年9月北京第1版第3次印刷

购书咨询：010-64518888　　售后服务：010-64518899

网 址：http://www.cip.com.cn

凡购买本书，如有缺损质量问题，本社销售中心负责调换。

定 价：46.00元

前言

FOREWORD

随着社会经济的发展、技术的进步、物质生活的不断丰富，销售谈判也逐渐从价格的谈判、质量的竞争逐渐转到对顾客购物心理的把握与角逐。

知识经济时代是一个物质生活极为丰富的时代，也是一个信息大爆炸的时代，更是一个处处存在商机的时代。在这样的时代里，每个销售人员都想要通过自己的销售业绩，获得更多的物质保证，过上幸福美满的生活。

然而，如今生意比较难做，原因之一就是客户的选择变多了。如果你的销售技巧不达标，你的销售语言不能立即抓住购买者的心理，那么你的产品销售就会成为泡影。

其实，在很多时候，成功与否并不是努力不努力的问题，而是方法的问题。正所谓“方法不对，努力白费”，在销售这个没有硝烟的战场中，更需要科学的方法和正确的决策手段。

销售心理学，正是结合市场营销学的知识与心理学的相关原理、相关法则以及相关实践而产生的一门新的人文科学。如果你能够在销售的时候，适当地、灵活地运用心理学的相关知识，对于吸引顾客，培养忠实的顾客，进而提高自己的销售业绩是大有裨益的。

本书的写作目的是解决销售人员不知如何运用心理技巧的困惑，书中有大量的案例和方法供大家学习，期望大家在阅读本书后都能有所收获。

本书由陈瑞武编著，在编写过程中获得了韩布伟、李改霞、贾云叶、李艳霞、李伟光、龚毅、赵丹丹、李恬、游万梅、李卫霞、宋佳佳、李晓青和梁现丽的支持与帮助，在此一并表示感谢。

由于时间仓促、加之编者水平有限，难免出现疏漏，敬请指正。

编著者

目录

Contents

第3章 别把客户当上帝，把他换成自己 038

第4章 不要过度承诺，但要超值交付 056

第5章 客户要用心养，更要“放养”

070

第6章 瞬间获悉陌生人信任

087

第7章 你的形象总在为你说话 099

第8章 专业知识，肥而不腻 121

第9章 过度卖面子等于卖病毒

136

第10章 为你的客户做好私人定制

149

第1章 花80%时间来建立信任感

销售的本质，其实是销售信任。人与人之间信任感的建立，要靠相互之间的交集去连接，这些交集可以是生活、工作，也可以是感情。人们的交集越多，那么彼此之间的信任感就越强。

销售心理学可以销售人员了解顾客消费心理，是每个销售人员都必须要掌握的。销售心理学的关键是培养销售人员将心比心和换位思考的能力。在实际的销售过程中，销售人员只有积极地换位思考，想顾客之所想，急顾客之所急，才能够与顾客建立良好的信任关系，才能进一步地谈判、签约，才能有更好的销售业绩。

其实销售就是要先建立信任感。只有获得顾客的信任，才会产生购买行为。一个成功的销售人员往往把自己80%的时间用来与顾客建立信任感，其余20%的时间用于签单。在很多时候，你通过80%的情感付出，就能获得足够的信任感。有了信任感，谈成生意也就变得易如反掌。

1.1 自信的营销者才能赢得他信

哪里有天生的营销天才，这些在别人眼里的天才，只不过是有着十足的营销自信罢了。

我们常说“三百六十行，行行出状元”。可是有些人选择了自己喜欢的职位，一辈子也只是小职工，没有大的成就。按理说，选择了喜欢的职业，应该会有更好的前途。可是问题在于这些人做事唯唯诺诺，缺乏自信，只会按部就班地进行日常工作。所以，他们的这一生也只是勤劳的小职工。

在这里，我并不是批评这些人没有成大事，而是从反面讲一个成大事的人不应该这样度过自己的一生。

成大事者需要有“仰天大笑出门去，我辈岂是蓬蒿人”的洒脱；成大事者更需要有“自信人生二百年，会当击水三千里”的豪迈。

说得简单通俗点，做大事的人必须要有自信，而且还要有舍我其谁的那种果敢。

古今中外成大事的人无一例外，他们都很自信，这种自信会给他们带上一种光环，使他们能够成就非凡。

作为销售人员，你若想取得辉煌也必须建立足够的自信心。当你的自信心十足的时候，底气也就足了；当有了底气，你的气场也就足了；有了气场，那么你说服别人的概率也就大大增加。

接下来，通过三个成功的案例来说明如何建立自信，走向成功！

卓别林——“让我试试”的勇气

那是一个风和日丽的日子，那天的天空和19世纪的每一天都差不多。然而这一天却注定成为不平凡的一天。这一天，注定了卓别林要崭露头角，也注定了他日后要走向喜剧的辉煌。

那一天，伦敦的一个剧场内正在进行着一场演出。由于意外，演员刚刚唱两句，就离开了。台下一片哗然，许多观众甚至一哄而起，嚷嚷着要退票。剧场老板看到情况不妙，立即找人来救场，可是找的那些人总是推三阻四，要么说自己怯场，要么说自己身体不舒服，各种各样的推辞都有。万般无奈，老板准备退票的时候，一个5岁小男孩站了出来。他说道，“老板，让我试试，行吗？”老板看着小家伙自信的眼神，便同意让他试一试。他在台上又唱又跳，把观众逗得特别高兴，歌唱了一半，好多观众便向台上扔硬币。小家伙一边滑稽地捡起钱，一边唱得更起劲儿了。在观众的欢呼声中，他一下子唱了好几首歌。正是他的这一跳，帮老板化解了危机，同时也赚了更多的钱。从此，他在剧场的地位大大提升。

几年后，法国著名的丑角明星马塞林来到这家儿童剧院和大家同台演出，引得市民的围观。当时，马塞林的节目中需要一个演员演一只猫，由于马塞林的名气太大，许多优秀的演员都不敢接受这个角色。同样是在万般无奈的情况下，那个小男孩又自告奋勇地站了出来。好多优秀演员都为他捏一把汗，没想到他和马塞林配合得非常默契，引得现场观众阵阵欢呼。

其实这个小男孩，就是后来名扬世界的幽默艺术大师——卓别林！

卓别林的故事告诉我们，要在关键的时候自信地站出来，展示我们的风采，而不是推三阻四，唯唯诺诺。

苏格拉底的遗言——你是最优秀的

古希腊的大哲学家苏格拉底在临终前有一个不小的遗憾。他让自己最得力的助手在他去世前，为他找到一名合适的关门弟子。可是这位得力助手最终却没有找到合适的人选。

不是那位得力助手不辛苦不勤奋，他总是不辞辛劳地通过各种渠道一直在四处寻找。可他领来一位又一位的人选，总是被苏格拉底婉言拒绝。

半年之后，眼看苏格拉底将不久于人世，可最优秀的人选还是没有眉目。助手非常惭愧。他不再四处寻找，而是要在苏格拉底弥留的日子里，常伴他左右，以此来弥补自己的无能为力。

最后，他泪流满面地坐在苏格拉底的病床前，语气沉重地说："我真对不起您，令您失望了！"

没想到苏格拉底却说，"失望的是我，对不起的却是你自己。"

苏格拉底说到这里，很失意地闭上眼睛，停顿了许久，才又无哀怨地说，"本来，最优秀的就是你自己，只是你不敢相信自己，才把自己给忽略、给耽误、给丢失了。每个人都是最优秀的，差别就在于如何认识自己，如何发掘自己和重用自己。"

话没说完，一代哲人就永远离开了他曾经深切关注着的这个世界。那位助手非常后悔，甚至后半生都为此自责。

其实苏格拉底一直很看重自己的助手，只是这位助手一直都缺乏自信。为了提高他的自信心，苏格拉底在弥留之时还是为他做了最后的指导。

拿破仑——激发士兵自信心

拿破仑是法兰西第一共和国的执政者，他是法国历史上最出色的政治家和军事家之一。他身上所表现出来的自信，一直受到后人的敬佩。有一次，一个士兵骑马给拿破仑送信。由于情况紧急，战马长途奔跑，且速度过快，所以到达拿破仑军营后就倒地而亡了。

拿破仑接到信后，立即写了一封回信，交给那个士兵，要求他骑上自己的战马，火速把信送回原地。那个士兵看到那匹强壮的战马身上的装饰出奇的华贵，便对拿破仑说："不，将军，我只是一个平庸的士兵，实在不配骑这匹强壮的战马。"拿破仑回答道："世上没有任何一样东西，是法兰西士兵不配享有的。"

正是这样的话语，激励了士兵，让他成功地完成了任务。

在现实生活中，我们渴望有一展才华的机会，希望早日找到梦想的舞台，然而，当机会来临的时候，我们常常会顾及这样或那样的问题，犹豫不决，踌躇不前，以至于错失了一个又一个实现梦想的机会，最终只剩一连串的遗憾。有时候，可能我们什么都不缺，唯独缺少大声说一句"让我试试"的勇气！

萧伯纳说："有信心的人，可以化渺小为伟大，化平庸为神奇。"拉劳士福古说："我们对自己抱有信心，将使别人对我们萌生信心的绿芽。"可以说，世界上没有克服不了的困难，那些所谓的困难是自卑懦弱的人为自己找的借口。对一个自信的人来说，他会坦然地直面困难，意志坚定地迎上去，在困境中找到自我，并以这种自信的魅力感召更多的人，追随他一起勇往直前，最终成就一番伟业。

作为一名成功的销售人员，首要的就是培养自信！有了自信，才有了他信，才有了一切！

1.2 苹果的信任营销

曾有人说，这是一个"卖光信任换钱花"的时代，也许言语中有夸张的成分，但也能折射出当今社会的营销危机——有些销售人员唯利是图，致使消费者对销售人员缺乏信任感。如果销售人员能够在自己的销售行为中增加信任感，诚信经营，那么必定能在激烈的市场竞争中脱颖而出，走向成功。

说到信任营销，不得不提的就是苹果公司的信任营销，以及苹果立足于市场的"苹果营销三原则"。

第一个原则就是培养共鸣感，赢得消费者的信任。苹果公司的创始人之一马库拉说："我们做的就是紧密结合顾客的感受。我们要比其他任何公司都更好地理解使用者的要求。"这就充分体现了苹果公司培养共鸣的原则。同时苹果公司坚持认为，如果要培养与消费者的共鸣，就必须促使消费者与我们产生长久的信任。

第二个原则是培养专注力。只有专注，企业服务才能更专业；只有专注，生产产品才会精益求精。

乔布斯曾说："决定不做什么跟决定做什么同样重要。"乔布斯个人的专注力特别强，他会专注于核心产品和某些重要业务，砍掉一切其他业务。正是他的果敢和专注，促使了苹果的腾飞。

1997年乔布斯重新执掌苹果时，苹果的产品线非常多。乔布斯觉得业务过多，必然影响产品的质量。于是他提出，苹果公司以后只注重生产四种类型的产品，分别是拉动消费型产品、专业型产品、便携型产品以及台式型产品，其他类型的产品全部停止。这样他就可以把其他项目的优秀人才和资金释放出来专攻这四个产品。最终苹果走向了辉煌！

第三个原则是向客户灌输苹果产品的内涵。有些人确实会以貌取物，所以苹果坚持把自己最好的产品全面而细致地展现在消费者眼前。

只有你把自己产品的外在形式、质量、价格、售后服务等信息全面地灌输给消费者，消费者才会买账，信服你的产品。如果我们用一种玩世不恭、潦草马虎的态度面对消费者，消费者必然认为我们的产品不怎么样。但是，如果我们全心全意地向消费者展示产品的创新性、高质量等特征，他们就会对我们的产品倍加信任。

同时，乔布斯认为要做到信任营销，必须做到如图1–1所示的五点。

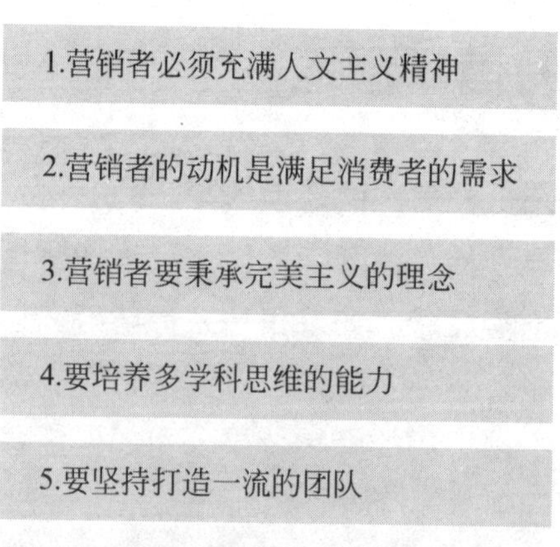

图1-1　乔布斯提到信任营销的五个要素

第一，营销者必须充满人文主义精神。只有以消费者为本，考虑到消费者的感受和需求，营销者才能获得消费者的认可。乔布斯的原话是这样讲的，“苹果之所以能与人们产生共鸣与信任，是因为在我们的创新中深藏着一种人文精神。”

第二，营销者的动机是满足消费者的需求，而不仅仅是赚钱。只有你的产品满足了消费者的真实需求，消费者才会对你的产品产生信赖。乔布斯讲到，自己做企业的目的是创造伟大的产品和打造优秀的公司，而不是赚钱。

第三，营销者要秉承完美主义的理念。苹果公司在产品的生产过程中为了追求完美，经常将方案推倒重来。工作人员与团队也付出了巨大的努力，耗费了巨大的精力，最终做出了让消费者产生共鸣的产品，建立了与消费者的信任关系。

第四，要培养多学科思维的能力。综合的思维能力能够激发出非凡的灵感，从而缔造精致的产品。产品的精致可靠，必然能够赢得买家的青睐。

第五，要坚持打造一流的团队。只有你的团队能力强，你的产品才能获得消费者的认可。苹果公司在产品研发与制作的过程中，一直秉承着“用一流人才做一流的产品”的制作标准。

正是由于苹果坚持以上五原则，并积极培养消费者对产品的信任，苹果形成了稳定的信任营销模式。现在每逢苹果推出新款手机，即使价格不菲，购买者还是络绎不绝。这就是信任营销的力量。

接下来，我将为大家讲解销售人员如何利用消费者的消费心理营造信任感。

（1）抓住消费者崇尚权威的心理，为自己的产品进行包装，提升买家对产品的信任。这其中比较典型的宣传方法就是知名专家为产品做担保，借助专家的声明提高产品的可信度，或者借助国家知识产权的专利对产品的权威性进行说明。

（2）利用明星效应和消费者的从众心理，对产品进行宣传介绍，从而赢得消费者对产品的认可。一般来讲，明星代言的产品在市场上的号召力是比较强的。同时明星代言的产品会自带光环，促使广大消费者争相购买。作为销售人员，可以从这一现象，深切地感受到从众心理的力量。同时要利用从众心理，加大对产品的宣传，赢得消费者的信任。

（3）利用人们爱美的消费心理，在产品销售时，为产品设计一个高端、健康、科技感爆棚的包装，这样消费者会觉得你的产品很高级，高级的产品，质量肯定也差不了，从而增加对你的产品的信任。所谓“人靠衣裳马靠鞍”，同样，产品的外在形象也非常重要。所以，作为销售人员，一定要把自己的产品包装设计得精益求精，满足消费者的审美需求，这样才能进一步赢取消费者的信任，为产品热销打下基础！

（4）利用人们追求完美的心理，宣传自己的产品在细节处理上的优势。所谓细节决定成败，同样是销售服装，而且销售的是同样款式的衣服，有些人能够销售得特别好，有些人的业绩却始终不见起色。那是因为销售好的人员善于在产品的细节上进行大力宣传，他们会说自己的产品用料极佳，产品的做工一流，产品的样式也新颖时尚。人们就会在这样的宣传下，在自己追求完美的心理驱动下，最终购买产品。

综上，只有利用消费者的消费心理，在销售环节赢得消费者的信任，同时打响自己的品牌优势，才是销售成功的关键所在。任何销售人员或商家的价值链，首先是信任链。一旦争取到了消费者的信任，那么等待你的将是生意兴隆！

1.3 注重客户的隐私保护

隐私是一个人的软肋，是一个人最脆弱的地方，没有人愿意把自己的隐私暴露在公众的视野里任人指点，它就像人们心中的一块疤痕，应该永远藏在最深处，揭开它的代价注定是痛苦的。

所以，保护一个人的隐私是对这个人最起码的尊重。孔子说：“非礼勿视，非礼勿听，非礼勿言，非礼勿动。”他就是要告诫我们，要懂得保护别人的隐私，要谨守为人处世的礼节和规则，不要越过道德底线，只有尊重他人，才会赢得他人的尊重。

不可否认，当今社会中的确存在一些乱象，有些人丧失了道德底线，专门以窥探他人的隐私为乐；有些人则对他人的隐私大肆传播，乐此不疲；有些人更是违法乱纪，以出卖他人的隐私牟利，凡此种种，给人们的生活带来了极大的危害，影响了社会的和谐，理应受到社会各界的共同谴责和抵制。

对一名销售人员来说，保护客户的隐私是最基本的行业准则和道德规范。诚然，销售员所掌握的客户信息可能只是一些客户的基本资料，诸如客户的姓名、年龄、性别、职业等，但是即便如此，如果客户没有授权你传播，那它就是客户的隐私，是神圣不可侵犯的，是决不允许被轻易泄露的。

因此，销售员对客户的隐私要高度重视，要像对待自己的隐私一样，妥善地管理与保护，只有这样才能赢得客户的信赖和赞誉。

案例

李青云是一名汽车销售人员，他做事非常讲原则。有关客户的隐私信息，他不会轻易转手给他人，即使别人高价购买，他也依然不为所动。

大家都知道，汽车行业是一个比较赚钱的行业，一般来买汽车，特别是高档汽车的买家，生活水平都比较高，家境也较为富裕。所以一些其他行业的销售人员常来找李青云，例如早教机构的课程销售、家具店的销售人员等，让李青云把自己手头的客户资源信息高价卖给他们。

李青云当然知道他们的目的，但他还是婉言谢绝了。

李青云讲到，客户的信息在我的手里，我能保证不被坏人利用。我虽然相信你们，但也许你们中的某一个经不住一些不法分子的高价诱惑，把客户的信息出卖给他们。倘若这些人真是歹徒，那么我的顾客也许就会有危险。对于这样的事情，我是绝对不会让它发生的。

正因为李青云果断、坚毅、正直，他手里的客户隐私信息的安全性特别高，而且他从始至终都十分注重维护消费者的私人信息，保证消费者的安全，所以他在客户那里的评价都特别高，他的销售业绩也越做越好。

然而现在有些销售人员，却不注重保护客户的隐私，随意将客户的相关信息卖给其他销售人员。这样，大量的促销电话、垃圾短信和垃圾邮件使客户的私人生活受到严重侵犯。

在现代社会，尤其是在大数据时代下，隐私保护的重要性也逐渐凸显出来。

随着互联网技术的升级，人们几乎是时刻都在上网。随着智能手机的出现、普及与日新月异的发展，人们几乎都到了“手机不离手”的地步。与此相对应，人们在网上留下的痕迹也越来越多。这些隐私数据看似无关紧要，实际上却包含了人们的各种信息。

例如，你在网购时，就会在网页上留下你的相关信息。在如今的大数据时代，这些信息足以影响到我们的正常生活，严重时，这些信息被不法分子利用，甚至会影响我们的个人安全。

大数据时代是好的时代，也是坏的时代。大数据时代，企业可以不断采集网上相关数据，将看起来孤立、零碎的信息整合起来，每个人就都变成了透明人。

作为一名销售人员，如果你能够有效地利用这些数据，就可以对消费者的喜好进行判断，预估用户的需求，从而提供一些个性化服务。但如果大数据被污染了，也就是说，数据被人为操纵或注入虚假信息，那么据此作出的判断就会误导一些销售人员，最终使他们的销售陷入困境。

所以，在大数据时代，销售人员保护消费者的遗留信息，既是对消费者权益的维护，也是间接地为自己服务。只要全行业的销售人员都能够以身作则，维护消费者的相关利益，保护消费者的相关信息，那么就会获得消费者的信赖，同时也可以确保网上信息的安全性。如果对这些真实的数据加以分析利用，可以做出更好的销售策略调整，可谓一举两得。

在大数据时代，销售人员又该如何保护消费者的隐私呢?

接下来，分享一些保护消费者网上信息的原则，如图1–2所示。

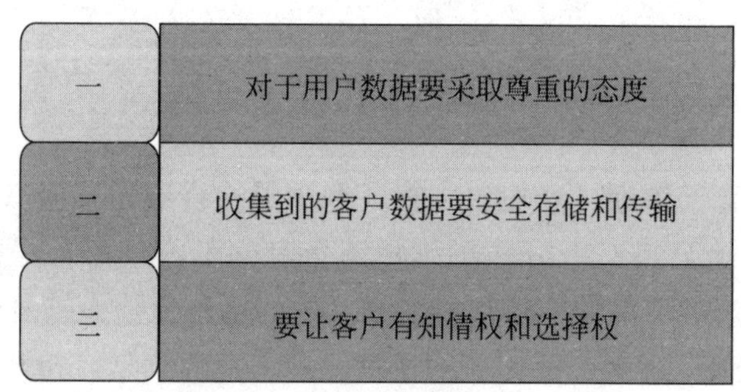

图1-2　销售人员保护消费者网上信息的原则

第一，你需要在心里明确，这些数据是用户的资产，用户对其拥有财产所有权，对于这些数据你必须采取尊重的态度，而不能胡乱利用，甚至在网上进行非法的数据交易行为。

第二，你需要把收集到的客户数据进行安全存储和传输，这是你应尽的责任和义务。只有你保护好客户的个人数据，客户才不会被各种信息骚扰，才会觉得在你那里购物更加安全，从而增加对你的信任感。

第三，如果要使用客户的网上数据信息，一定要让客户有知情权和选择权。如果你不经客户允许，擅自泄露用户数据，甚至以此牟利，不仅是不道德的，更是非法的。这些错误的行为最终会影响到你的销售。

综上，作为销售人员，无论是实体销售，还是网上销售，都一定要注重对客户隐私的保护。保护了客户的隐私也就是保护了你自己的声誉，同时也促成了消费者对你的信赖，会使你的销售业绩得到稳步提升。

1.4　只是多讲了一句话而已

一句话能成事，一句话也能坏事，一句话甚至还能感动他人，感动世界。

作为销售人员，有时候对客户多说一句话，可能就是因为这一句话打动了对方。永远不要吝啬自己的微笑和礼貌的用语，有些时候就是这么不经意间的一句“谢谢你”“再见”就可以打动对方。

接下来，为大家讲述一则真实的案例。这则案例简直可以用“一句话改变命运”来概括。

美国标准石油公司有一位小职员叫阿基米特，他外出住旅馆的时候，总是习惯在自己签名的下方，写上“标准石油每桶四美元”，在书信及收据上也不例外。在与客户交谈时，“每桶四元”几乎成了他的口头禅。因此他被同事们戏称为“每桶四元”。

公司董事长知道了这件事后非常感慨：有职员如此努力宣扬公司产品，我要见见他。不久阿基米特成了董事长的特别助理。后来，经过不懈的努力，标准石油公司也越做越大，阿基米特也因为业绩突出，以及在员工当中的信服力，最终成了第二任董事长。

无独有偶，我的好朋友潘佳也有着类似的人生经历。

案例

其实，潘佳的成功与阿基米特的成功有着惊人的相似之处。大学毕业后，潘佳一时找不到工作，只好进了一家百货公司做营业员，她很珍惜这份工作。

潘佳所在的柜组前面有道不显眼的台阶，由于不被注意，时常有人会不小心被绊一下。所以每当有顾客经过时，潘佳总是善意地提醒一句：请小心前面的台阶。她的这一举动感动了很多人，其中不少人都成了她的顾客。

但有些同事还是笑她多此一举。有一天，公司老总进行巡视时正巧经过那道台阶，潘佳还是像以前一样习惯性地提醒说："请小心前面的台阶"。老板一愣，但很快地他脸上便露出了赞赏的笑容。不久潘佳便被提升为柜组组长，一年之后，潘佳成了这家公司的副总经理。

其实那句提醒的话谁都能说，可是只有潘佳一个人说了，而且坚定不移，乐此不疲，以至于这句话已经成为了她的口头禅。那些笑过她的人中，肯定有不少能力才华都在她之上，可最后却只有她成了副总经理。

这同样也证明了，一个人的成功，有时只是比别人多说一句话而已，而且多说的一句话看似无足轻重，坚持下来却能体现人的至真至诚。

一句看似平常的话语，却凸显了一个人的品格和素养，使潘佳赢得了领导的青睐，改变了她的人生轨迹。其实，她的成功并不在于说了一句话，或者说了一句什么样的话，而在于她这一句话所反映出来的信息——一方面，她是一个充满爱心的和善的人。因为心中有爱，她就会关怀每一个与自己有关甚至是无关的人。正是她这种对别人的无私关爱，传递着人与人之间的真善美，哪怕仅仅只是一句善意的提醒，也会让人感受到被关怀，体味到人间真情。另一方面，她珍惜并热爱这份工作。只有当一个人发自内心地热爱工作时，她才会有百分之百的精力投入，也只有全情投入的人才能够发现和关注工作以及与工作相关的各类细节。

所以，这也验证了成功的规律：事业的发展离不开热爱和执著，而人格的塑造靠的是真情和友善。

在现实生活中，销售天才少之又少。一些销售界的神话也是影视作品杜撰出来的。其实生活中的大部分销售人员在刚起步时大都如《当幸福来敲门》里的那个黑人父亲，起初的销售总是遇上种种挫折、种种意外，但是最终他还是凭借不懈的努力和战胜困难的决心，慢慢地走向幸福的生活。

成功靠的是不懈地努力，而决非一时的小聪明。有些聪明人觉得自己聪明无比，只要凭借自己的三寸不烂之舌进行商品的介绍和说明，就能够取得业绩的突飞猛进。可是殊不知，有些客户就是不喜欢这种自认为聪明的销售人员。他们喜欢那种看似笨笨的，但是锲而不舍的善良的人。

有时候，正是一句善意的话语，赢得了消费者和老板的关注与认可。所以，我们销售人员要处处留心，把一些别人注意到但不曾表达或不屑表达的事情，用自己最真诚的语言向客户讲明。也许正是因为这么一句话，你就会成为下一个销售神话。

1.5 广告单不该刊载过多商品

广告单不刊载商品，那该刊载什么啊？

当你们看到这个标题的时候，也许心里会有些疑惑。但请注意我的措辞：“广告单不该刊载过多商品”，不是说不能刊载商品而是刊载的商品数量或商品细节不宜过多。

其实，这就是利用了物以稀为贵的规律或者是利用人们“物以稀为贵”的消费心理。人们爱黄金胜过爱破铜烂铁，爱葡萄美酒胜过爱一杯啤酒，爱绝版读物胜过爱一般的流行读物，也都是同样的道理。因为稀缺资源在人们心中的地位是很高的。

广告单是很常见的，但广告单刊载的内容如果非常吸引人，那么这则广告单将带来产品的大量销售，使商家的利润翻番。

那么什么样的广告单才是成功的广告单呢？是那种满单都是产品介绍的单子？还是布局简洁明了、产品形象设计分明的单子？

我们以一则真实的案例为大家详细说明。

高山和刘冰都是销售人员，销售的产品都是健身器材，如哑铃、深蹲架、卧推架、罗马凳、跑步机等。他们现在的宣传方式要么是直接在大街上发传单，要么是上门拜访，进行传单展示，又或者是在网络上、自己的微信公众号上进行产品画册的宣传介绍。这些都是当下比较流行的宣传方式。可是他们两人的销售结果却大相径庭。

有一天，他们都在街上发传单。高山和一位顾客聊得挺开心。之后他就将自己的产品宣传单递给了这名顾客，然后很仔细地把自家产品的优势表述出来，他的口才很好，讲得头头是道。

但这名顾客最终没有购买，只是对高山说："哥，我看你的单子也没什么新意，好多给我推销健身器材的都是这样做宣传单的。说实在的，我已经看得麻木了。不好意思，我还有事儿，你还是找别人谈谈吧。"之后，这名顾客就转身离去。

距离他们不远的刘冰看到了他们交谈的一幕，注意到他们交谈的时长还是可以的。心理暗想，这应该是一位对健身器材感兴趣的人。

当这位顾客离开了高山的视野后，刘冰马上追上这位顾客，直奔主题开始介绍。他考虑到这名顾客已经和高山聊了好久，如果再磨磨唧唧，反而会不利于自己产品的推销。

刘冰说："我注意您很久了，也看到您和刚才那位销售聊得很开心。如果您对他的健身器材不感兴趣，那就给我一个机会，向您展示一下我们的产品！"

顾客欣然同意。当这名顾客接到刘冰的产品单子后，立即被吸引了。刘冰的产品单子上，没有繁琐的产品图文介绍。而是一些关于产品的简笔漫画。单子上一共展示了两组图片。

这两组宣传图片分别描绘了男人和女人在使用这款健身器材的前后对比，在健身前，他们都体态臃肿，大腹便便，而在健身后，男人展现出了傲人的八块腹肌，女人也展现出曼妙地曲线，十分形象生动。

简笔漫画的人物设计很萌，前后对比差异明显。对于健身器材的绘制，几乎还原本样。正是这样生动有趣的画风和如此精致的细节描绘，一下子就俘获了顾客的心，最终成功说服顾客，买下产品。

这则案例充分体现了广告单的设计原则：广告单不应该过多刊载商品内容。那么一份优秀的广告单又该如何进行加工设计呢？具体内容如图1-3所示。

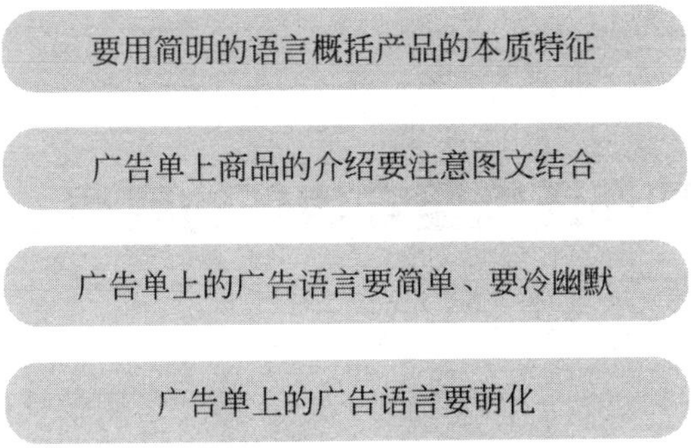

要用简明的语言概括产品的本质特征

广告单上商品的介绍要注意图文结合

广告单上的广告语言要简单、要冷幽默

广告单上的广告语言要萌化

图1-3 优秀的广告单设计要点

（1）要用简明的语言概括产品的本质特征。如果你销售的是保健品，广告单上直接点名有益健康的效果即可，不宜过多展示细节；如果你销售的是美发产品，广告单上直接向顾客说明发质的改变效果即可。无论你销售的是什么产品，你都不应该在广告单上赘述产品细节。因为人们对该类产品的接触已经很多了，过多的描述只会使客户心烦，反而会适得其反。

（2）广告单上商品的介绍要注意图文结合。图片不一定就是实物产品图片，也可以是产品的手绘图，通过漫画的形式来展示产品的外在特征。这样看上去会更加新颖，从而达到吸引人的效果。另外，如果使用简笔漫画的形式，一定要用最新潮的方式或最接地气的方式进行展示。例如，你可以用时下流行的表情包来对你的产品进行包装介绍。

（3）广告单上的广告语要简单、要冷幽默。这是一个商业化的时代，也是一个工作压力大、节奏快的时代。人们在购物时，就是希望能以一种愉快的方式来消费。一方面是为了获得物质需要，另一方面也希望享受购物的快乐。如果你的产品介绍像教科书，顾客看到后头都大了，怎么会去买你的产品？倘若你的语言幽默诙谐，顾客看到后心情愉悦，感觉身心得到放松，那么你的产品销售很可能会成功。

（4）广告单上的广告语言要萌化。这是一个越来越多人喜欢二次元的时代。人们普遍喜欢一些萌萌的卡通形象。90后和00后更是如此。如果你的产品介绍能用一些萌萌的语言，定然会为你的产品增色不少。这样的话，你的产品就能更加迎合这些年轻人的消费心理，最终促进产品的销售。

综上所述，广告单不应该刊载过多的商品细节或商品品种。作为销售人员要通过利用“物以稀为贵”的消费心理，把重点放在产品的独特卖点上，或者用鲜明的语言展现产品独特的价值内涵，从而吸引顾客的目光，促进产品的销售。

1.6 卖情怀还需坚守信任的底线

情怀是每个人的离愁别绪，是人们曾经生活的点点滴滴，是人们最为眷恋、最为珍视的岁月往昔。作为销售人员，懂得运用情怀进行营销固然是一件好事，但是如果只注重情怀而丧失了做人该有的诚信，反而会弄巧成拙，成为你销售生涯的败笔。所以作为销售人员，我向来主张适当卖情怀，主要卖信任。

2015年，有一件红极一时的“康夏卖书”事件。

网络红人康夏因为要出国留学，打算卖掉千余本藏书，没想到因此收到了77万元巨款。他其实也没有想到自己的这一“情怀销售”策略竟然能有如此良好的效果。可是他的藏书并没有那么多。面对这么多钱，他动心了。于是就去二手书市场，另买了6000本书冒充自己收藏的书寄给购书者，他这么做究竟是出于贪婪还是虚荣心，或兼而有之，我们无法揣测。但这终归是丧失诚信的做法。

纸终归包不住火。后来东窗事发，他虽然极力向公众道歉，还退还了相关款项，但最终还是名声扫地。

我们不难发现，“情怀”在康夏卖书事件中，是一个不可回避的因素。他通过情怀营销来卖书本是一个不错的策略。然而他却借着情怀的幌子，做着虚假经营的勾当，最终导致其之前营造的情怀氛围破灭，引发了消费者关于情怀和信任的讨论，造成了一场空前的信任危机。

有人认为，这件事是“信任危机”的导火索，其实不然，在当今社会，人们相互间的疏离感日益加深，繁忙的工作、相对单调的生活方式和一件件失信事件的发生使人变得麻木、冷漠。每个人都披上了伪装，互不干涉，也互不信任，形成了事不关己高高挂起的行为习惯。

在这种环境下，信任就显得弥足珍贵，因为它是稀有的，它是人们可望而不可即的。因此，对于销售人员来说，信任远比情怀重要，如果你能兼顾情怀和信任，当然最好不过，也自然可以挣得钵满盆满。可是，如果你只能在情怀和信任上二选其一时，你一定要选择信任。因为没了情怀，你最多损失一些顾客，可失去了信任，你就会名声扫地，可能很难再有翻身的机会。

如今，我们时常看到一些电商通过售卖有年代的产品或藏品，营造过去那种朴素简单的生活氛围，唤起人们对往昔的追忆，进行情怀营销，这样的销售手段固然可以取得很好的效果，可以带动销售，但是消费者在购买其商品时，真的是出于对其商品的认可，对企业品牌的信任吗？显然不是，他们只是因为这物品寄托了他们某种情感。所以，这样的消费者往往是极为脆弱的，只要商家稍有失误，就会刺激他们敏感的神经，使其放弃购买商品。

因此，销售人员要做的就是要在情怀营销的基础上，通过各种规则和技术保障，来提高消费者对产品的信任度，从而加强与消费者的联系，使其成为自己的忠实顾客，其具体做法如图1–4所示。

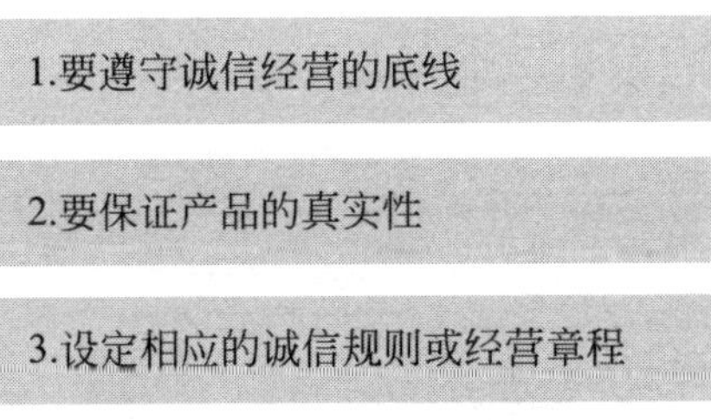

图1-4 信任营销三大要素

（1）你一定要遵守诚信经营的底线。诚信的底线是一条无形的线，别人一时察觉不到，但是如果你总是触碰这条底线，一旦被曝光，那么你将会永无翻身之日。例如“三鹿奶粉”事件、地沟油事件。这些相关企业没有做到诚信经营，违背了道德，泯灭了人性，自然受到了应有的惩罚。常言道，“修复被伤害的人心不易”。因此，必须减少甚至杜绝出现失信行为。

（2）在主打情怀的同时，一定要保证产品的真实性，绝不可以欺骗顾客。比如，有茶馆打着“怀旧”“复古”的旗号吸引顾客，既然这么宣传了，就要说到做到，保证货真价实，如果你向顾客说这套茶具是民国时期的，你就不能用现代的仿制品欺瞒顾客。因为再高超的骗术也有被揭穿的一刻，既然企业要给产品打上“情怀”的烙印，就不要吝惜付出，这样的付出绝不会没有收获，消费者能感受得到，他们会用自己的行动给予你最好的奖励。

（3）在销售领域，所有的行业都要设定相应的诚信规则或诚信经营章程。所谓“无规矩不成方圆”，如若违反诚信经营的原则，会有怎样的处罚措施。始终坚持诚信经营，会有什么样的奖励。通过相应的奖惩措施，最终实现销售领域的良性发展。

综上，情怀营销是策略，信任营销是关键。作为销售人员，要在自己的实践探索中，根据实际合理地使用“情怀营销”策略。但无论如何必须要坚持诚信经营，生产质量优良的产品，才能最终赢得消费者的信任。

1.7 宁愿自己等两个小时，也不能让客户多等一分钟

何为信任？怎样才能获得顾客对你的信任？这是值得所有销售人员思考的问题。

在心理学上，信任是讲两个人彼此的心理距离很近，几乎没有隔阂。商家与客户之间的信任，是一种买卖层面的信任。作为商家，如果能诚信经营，必然会赢得客户的信任。

小张在一家公司做销售员，已经工作了五年，积累了大量的客户资源。因此他建立了一个微信群，每当有新的优惠活动时，他都会发到微信群里。

有一次，老客户孙总看到了小张发的优惠活动，就约小张到自己公司详细谈。双方约在上午10点见面。前一天晚上，小张看天气预报

说第二天会有大雨，交通可能不方便。

为了不影响与孙总的见面，小张比以往早出发了2个小时，由于出发时间早，并没有遇到交通拥堵的情况。小张顺利在约定时间和孙总见面。当孙总得知小张提前2个小时出发时，心里非常感动，并未过多询问，就与他签了合同。

后来在小张聊到这件事时，孙总说："你宁愿自己等两个小时，也不愿意让我等你，足够说明你的诚意，我很信任你。"

所以，作为一名销售人员，要善于培养客户对你的信任感。培养客户对你的信任感有以下三大技巧，如图1–5所示。

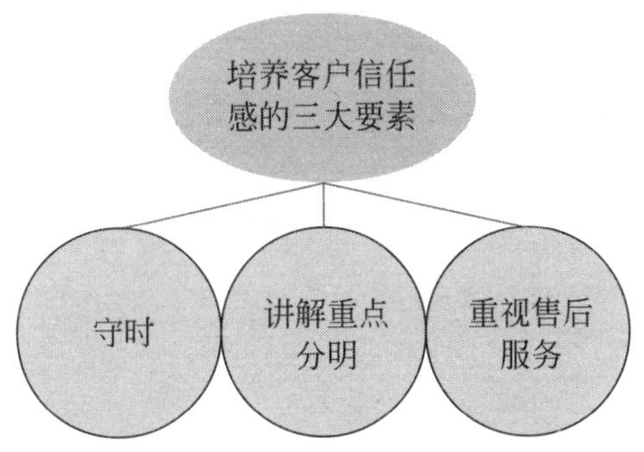

图1-5　培养客户信任感的三大要素

第一，销售面谈时，一定要守时。无论做什么，都一定要有时间观念。做销售的更应该如此。所谓时间就是金钱，时间就是生命。聪明的你应该早早地在约好的地点，提前恭候客户的到来。这样，一方面说明你很守时，另一方面也显示你很重视这次面谈，给客户一种被尊重的感觉，从而留下良好的初次印象。然后凭借工作上的努力，最终赢得客户的信任。

第二，在进行商品推销时，要有重点地进行讲解，突出产品的核心性能，显示出你对产品的熟悉程度，给客户营造出你是专家的感觉，从而提高对你的信任。当然做到这一点，是需要日积月累的。要在产品销售前做好功课，对自己的产品进行全方位的了解；要在你与客户的不断交流中，锻炼你的口才；要在产品介绍时，展现出自信的气质，要直面客户的眼睛进行产品的介绍。只有你一步步地这样做了，你才能够成为众人眼中的销售专家。你和你的产品才会得到客户的信任。

第三，作为销售，你的售后服务同样重要，切不可认为产品销售结束，一切就都结束了。要获得客户的信任，还要做到有始有终。产品不可能百分之百完美，总会存在残次品。倘若不幸，你卖给了客户一件残次品，人家找上门来，你一定要竭诚服务，不能认为是一件麻烦事而撒手不管，推卸责任。只有你的售后做得好，人家才会认为你做得真的好，最终对你产生信任，成为你的回头客。

第2章

和客户谈“感情”不伤钱

在销售过程中，销售人员和客户的关系并不只是我卖你买的金钱关系。我们听过一句话“谈钱伤感情”，那么，是否在销售谈“钱”的过程中，我们就不能谈感情了呢？其实不是的。本章就向大家介绍心理学上的情感营销，希望销售人员能够从中受益。

2.1 生意≠买卖

我们常说，做买卖就是做生意。如果不细分，也没什么大的问题。但是买卖与生意其实是两码事。买卖，是一种简单的交易行为；生意不仅包含买卖，还有各种各样的买卖手段、买卖技巧以及各种人情世故。简单地说，买卖只是生意的一部分。

用生活中的案例做一个简单的分析：做买卖其实就相当于开超市，货物的价格是统一规定的，你不能进行任何的讨价还价，你能做的只是挑选自己喜爱的货物，然后到柜台结账离开，仅此而已。做生意就有意思多了。顾客能够和商家讨价还价，双方进行各种心理攻防战，最终达成两者都满意的价格，顾客拿走货物。通过这一简单的类比，大家就会明白做生意不仅仅是买卖那么简单，其中包含着很多的学问。只有你了解了做生意的学问，你的交易量才可能大幅提升。

接下来，给大家分享一则关于生意的由来的小故事。

东汉时期，有个叫尤文一的富庶子弟，他聪明伶俐，但不希望做官，只希望能像他父亲一样，做一个商人。可是家里硬是逼着他苦读诗书，希望他有所建树，能够谋得一官半职，扬眉吐气。

于是，孝敬父母的他只好寒窗苦读，可是他并没有在求学的道路上取得成功。求学期间，他一直没有放弃自己的商人梦想。后来，他终于征得父母同意，开始学习经商。刚开始他只是做一些米面、布匹等生意，无奈竞争者颇多，他只能维持生计。他想这不是个办法，得找一个能赚大钱的生意。

而那时恰逢蔡伦的“蔡侯纸”刚刚改进成功。他觉得在市场上卖纸是一个商机，于是通过各种门路，拜师蔡伦。由于尤文一聪明过人，很受蔡伦的器重，蔡伦就把自己的技术全部传给了他。

过了几年，蔡伦去世了，尤文一就继承了蔡伦的事业，造起纸来。他造的纸又多又好，可当时用纸的人很少，造出的纸卖不出去，库房里堆积如山。为此，尤文一十分犯愁，后来灵光一闪，想出了一条好计策。尤文一假装得了重病，茶饭不进，卧床不起，最后假死。尤文一的妻子按照尤文一的计划，要求用纸来祭奠他，烧了三天后，尤文一坐了起来，“死而复生”。尤文一把“死而复生”的功劳都归于纸的身上，不少人信以为真，奉这件事为神话，纷纷购买他的纸张。

最终，买纸的人越来越多，尤文一造出的纸供不应求。给去世的人烧纸的风俗也一直流传下来。

他靠编造吸引人的故事这一技巧来卖东西，而起死回生也被广泛引申为生意一词。

通过这一故事，大家就应该更加明了生意与买卖的不同了吧。

做生意不是做买卖那样简单，做生意需要经营有道，有一套自己的生意经。生意经的关键是对客户进行情感营销。通过一系列的情感营销，使他们对你的产品感兴趣，那么你的买卖自然而然也就有了。

最后，为大家介绍一些情感营销的技巧。

情感营销是在适应消费者的需求变化时，产生的一种新型营销方式。现在的消费者在购买商品时所看重的已不仅仅是商品数量的多少、质量的好坏以及价钱的高低，还追求一种感情上的满足，一种心理上的认同。

在情感消费时代，情感营销需要从消费者的情感需要出发，唤起和激起消费者的情感需求，引起消费者心灵上的共鸣，寓情感于营销之中，让有情的营销赢得无情的竞争。其实尤文一的案例就充分证明了这一点。尤文一赋予自己的纸张神话色彩，让消费者觉得纸张是能带来好运的吉祥产品，从而在心底产生一种好感，最终促成他们对纸张的购买。

情感营销需要三个步骤，如图2-1所示。

（1）诉说产品故事，赢得好感。其实如果你能赋予自己的产品一个美丽的故事，能够吸引人们的注意，必定能赢得好感。我们常听到的“怕上

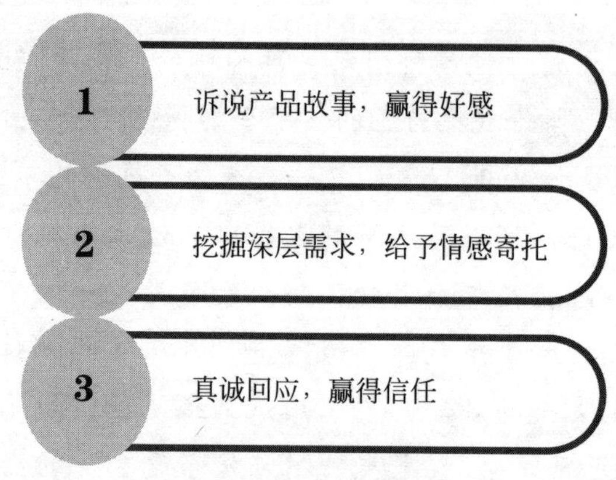

图2-1　情感营销三部曲

火，喝王老吉”就是在用简单的话语讲一则故事。这句广告词讲的是应对“上火”的故事。喝王老吉能“防上火”。正是这么一条简约的广告语，正好切中人们生活中常说的“上火”问题，最终促成了王老吉在全国大火。

（2）挖掘深层需求，给予情感寄托。一句“钻石恒久远，一颗永留传”赋予了钻石忠贞永恒的爱情观念，准确捕捉到了消费者的情感需求，最终也促进了产品的热卖。

（3）真诚回应，赢得信任。现在不是产品卖不卖出去的时代，而是售后解决问题到不到位的时代。如果你能及时高效地处理售后，态度真诚，买卖做不好都难。

只要你能够按照以上三步来做生意，相信一定会有所收获！

2.2　培养并维系自己与客户的感情

感情因素是人与人交往最原始的驱动力，谈生意也不例外。培养与客户的感情，最终能感化客户，使其做出购买选择。谷歌创意营销首席战略官——Abigail Posner曾经说“在市场营销中我们不能低估情感因素，应当理解这种无声的力量的重要性”。

Abigail关注美，关注生活。她凡事都讲究亲力亲为，非常注重与客户的交流，而且她总能细致入微地观察客户，了解客户的生活习惯，了解客户的爱好，了解客户的真实需要。通过这些必要的了解，她总是能够和客户培养起感情，最终建立长期的合作伙伴关系。

与客户培养日久弥新的感情，那可不是轻而易举的事情。没有情感基础的生意是不牢靠的，会让对手有机可乘。所以，我们要建立自信心，积极地培养与客户的感情。销售人员与顾客培养感情需要做到哪些方面呢？如图2-2所示。

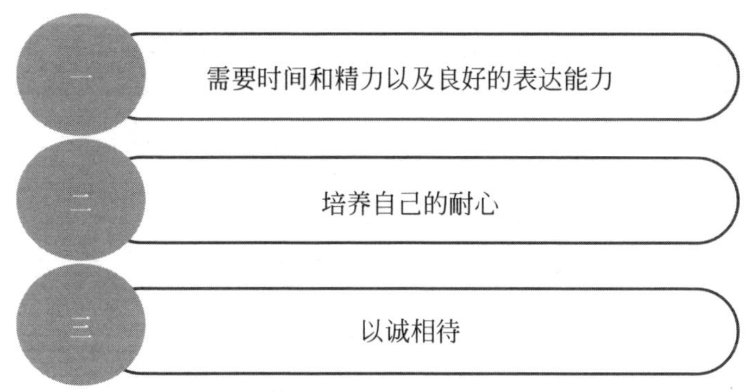

图2-2　销售人员与顾客培养感情的要求

（1）与客人培养感情需要时间和精力，需要你有良好的表达能力。欠缺表达能力会导致无法与客人沟通，也会给客人留下极坏的印象。根据调查资料显示，许多销售人员都觉得培养与客户的感情是重中之重。因为只有你与客户建立了长久的联系，培养起良好的感情，客户才会把你当成值得信任的人，值得交流的人。

（2）与客户建立感情，需要我们培养自己的耐心。即使客户不总是对我们有耐心，我们也要有耐心。要坚信成大事者需要有坚持不懈的恒心与毅力。很多销售人员的失败，并不是他们的能力不够。他们与成功失之交臂，是因为他们缺少耐心。既然选择了销售这条道路，便要坚信，只有真诚的服务，才能赢得消费者的亲睐和好评。

（3）与客户建立感情，必须以诚相待。与客户建立感情，应该用更加具有人情味的方式，而不是生硬的公事公办。作为销售人员，你与客户首先要做朋友，其次是做生意。有首歌曲唱得很好：“人生难得是朋友，朋友多了路好走”，对于任何商业往来都是如此，哪一种商业往来能离开人际关系？所以建立与客户的感情，需要从做朋友开始。只有你把客户当朋友，客户才会把你当朋友。这样大家相处融洽，最终生意会越来越好。

接下来，为大家讲解一下，与客户培养感情的六要素，如图2-3所示。

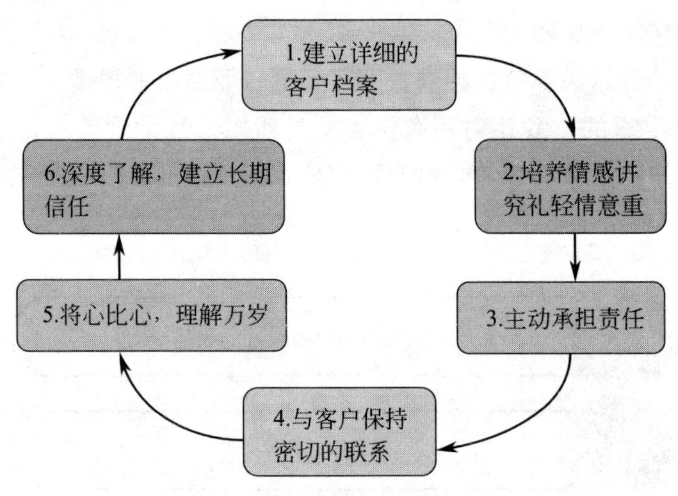

图2-3　与客户培养感情的六要素

要素一：建立详细的客户档案。培养同客户的情感，建立客户档案是一个很好的方式。客户档案不仅包括客户企业的一些基本情况，还包括企业决策人、重要联络人的个人信息。另外还要多收集一些企业高层人员的兴趣爱好、重要的纪念日等。这不简简单单的是投其所好，而是知己知彼，为长久的情感培养打下坚实的基础。

要素二：培养情感讲究礼轻情意重。与客户成为朋友不在于你的礼物有多贵重，而在于你出礼的那份心。归根结底，培养感情讲究以情动人，一纸贺卡、一句祝福也会让人感动，最后成为真正的朋友。

要素三：主动承担责任。保持“客户永远是正确的”的心态，在与客户的长期交往中，难免会有一些不尽如人意的地方，出现分歧、失误也在所难免，所以，销售人员一定要有正确的心态：客户永远是正确的！只要敢于主动承担责任，客户也会更加尊重你，你与客户的关系也就会得到更大的改善，更容易建立牢靠的友谊。

要素四：与客户保持密切的联系。上班时间是正常的业务往来，要与客户成为朋友更多的工夫是在业务之外。因为工作之外，人的状态是比较放松的，感性的成分也多一点，这时客户比较容易被情感打动，也比较容易付出情感，适合培养和客户的情感。如果你在生活上也能主动和客户交流，人家就会知道你是个有心的人，自然会对你青睐有加。

要素五：将心比心，理解万岁。作为销售人员，首先要尊重客户，不要把自己的想法强加给客户。在向对方推销时，要认真听取对方的诉求，学会站在对方的角度考虑问题。如果客户不想购买你的商品，你要学会进退有度，要仔细分析对方拒绝你的原因，不应一味地把希望寄托在你那副伶牙俐齿上面，强人所难。

同时还要注意，在与客户合作的过程中，你要把客户的小事情作为自己的大事情来做。想客户之所想，急客户之所急。解决令客户困扰的任何问题，都会使客户满意，从而欣赏你。这样，长此以往，你与客户的关系也就越来越近。

要素六：深度了解，建立长期信任。与客户建立长久的信任不是一蹴而就的，只有双方都花费了足够的精力和时间才能够做到，在建立了相互信任的关系之后，你就可以和客户尝试着建立全面的伙伴关系，这种关系可以加深和客户之间的情感，使大家能向着共同的目标努力。

其实，努力建立一种长久的信任关系，培养和客户的情感是一个双向的过程。如果成功，双方都会受益。在这个过程中，不仅要用你热情、贴心的服务去影响你的客户，还要努力去了解他们，努力了解他们的需要，对他们的工作规律与内容都有详细的了解，只有这样，才能与客户培养起感情，建立长久的信任关系。

2.3 客户关心的问题，你要心知肚明

在销售时，只要你能了解客户的真实需求，了解客户最关心的问题，并且能够对他们的需求和关心的问题进行专业的解答，那么你一定能够获得客户的信任，获得销售业绩的提高。

同时，如果你真的想客户之所想，那么自然能有效提高客户消费体验，增强客户与你的感情联系，具体表现在以下几方面。

（1）客户会为你以及你的产品说好话，形成良性口碑。

（2）形成口碑后，众多新顾客慕名而来，你就不需要对产品做太多重复繁琐的解释，从而降低服务成本。

（3）客户会主动尝试你销售的新产品，如果效果好，之后会购买价值更高的产品。

（4）客户会逐渐忽视竞争品牌及其广告，而且还会对你的产品价格变化反应平淡。

（5）客户的满意度会逐步增加，而且会忠于你的产品。

如果你能想客户之所想，必然能够延长客户生命周期。所谓客户生命周期是指一个客户对你的人格和你的产品的认同感有着类似生命一样的诞生、成长、成熟、衰老、死亡的过程。成长、成熟和衰老这三个阶段往往与消费共存。成熟期是客户消费的黄金时期。如果你能在初次见面，就拉住顾客的心，必然能有效延长客户生命周期。

如果你能想客户之所想，那么对于产品的改进和升级换代必定大有裨益。作为销售人员，你要明白，忠实的顾客是最好的产品设计师。他们在使用过程中会发现那些不好用、不方便的地方。如果你能关心他们的使用体验，并听取他们的建议，让厂家发现改进空间，设计出更符合顾客要求、更有市场的产品，那么你将会迎来销售的又一春。

那么问题来了！如何才能够对客户关心的问题做到心知肚明呢？如图2-4所示。

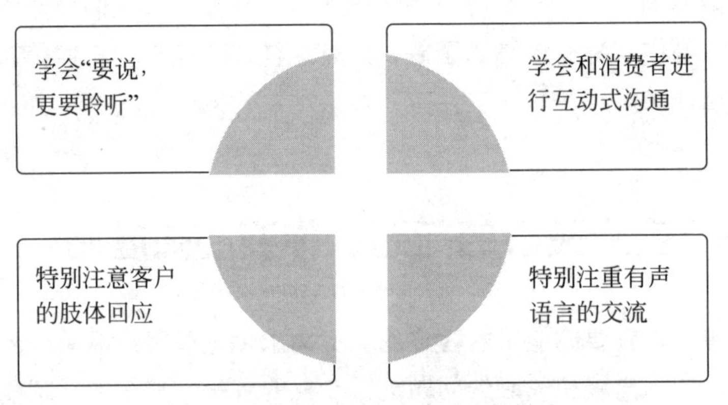

图2-4　销售人员理解客户重点的做法

（1）销售人员要学会“要说，更要聆听”。作为一名销售人员，你是不是总有这样的困惑：为什么在与客户交流时总是感到被动？原因通常是你总是在说，而你的客户总是沉默或不停地发问。客户一直提问，是在探你的底牌。其实你不一定知道客户真正关心的是什么、主要的问题在哪里，因为你只说不问。

我们常听别人讲销售人员要有好的口才，这只说对了一半，一个好的销售人员应该具备询问顾客以及倾听顾客的能力。学会了倾听，你才能够知晓顾客心中所想，才能够获得顾客的好感，最终培养起你与顾客的信任关系。

其实客户和你谈话，是期望你可以在专业方面给出建议。你应当像医生一样，对现状进行诊断，而诊断的最好方式就是对客户进行有策略地提问，并且真诚地倾听。

（2）销售人员要学会和消费者进行互动式沟通。一般推销能力差的销售员滔滔不绝地说一大堆之后，就会用陈述句结尾。这时候客户的表现通常是"好，我知道了，改天再聊吧"或"我考虑一下再说"等。总之，就是敷衍了事。

然而善于沟通的销售人员会在陈述完后紧接着问："您觉得如何呢？"或"关于这一点，我说清楚了吗？"这样做效果会好很多，因为提问给了客户阐述其想法的机会，客户至少不会冷冰冰地拒绝你。提问其实也是尊重消费者的表现，你的提问会让消费者觉得受到重视，反过来人家也会重视你。

（3）你要特别注意客户的肢体回应。客户的回应实质上是一种信息反馈，在一般的销售沟通中，各种信息类型的影响力为：文字语言是7% ~ 10%；有声语言是30% ~ 40%；肢体语言是50% ~ 60%。肢体语言是非常重要的交流方式。

所以，销售训练中应特别注意传授辨析肢体语言的技巧和方法。在销售对话过程中，常见的积极肢体语言有：歪头、手脸接触、吮吸、屈身前倾、手指尖塔形、拇指外突、双手抱在脑后等；消极的肢体语言有：假装拈绒毛、拉扯衣领、缓慢眨眼、腿搭在椅子上、缓慢搓手掌等。客户在销售沟通中总是习惯"言不由衷"，我们要懂得通过无意识的肢体语言把握客户的心理动态，审时度势，做出正确的判断和对策。

如果你能够从顾客的肢体语言（包括动作、表情、手势等）中捕捉到他们的心情，以及他们对产品的看法，然后再见机行事，往往会取得良好的效果。

（4）销售人员要特别注重有声语言的交流。销售沟通中，双方的声音对成功交易十分重要，这一点在电话销售中表现尤为突出。无论何种类型的销售沟通，透过客户的声音，我们可以知道对方的性格与当时的心理状态。对于电话销售人员，第一个要求就是在通话时要保持微笑，然后深呼吸，使用低沉明朗的声音做开场问候。

总之，希望你能够利用以上四个方法与技巧，以最高效的方式了解客户心中最真实的想法，争取消费者的信任，使其增加对你的产品的感情，从而为你的销售做更好的准备！

2.4 朋友间当然要聊些小隐私

作为销售人员，你要明白，初次会面时，顾客的隐私聊不得，就像老虎的屁股摸不得一样。如果你触犯了这条禁忌，你的销售也就基本泡汤。不过，当你和顾客的感情日益增进时，你可以适当的以朋友的身份问及一些顾客的小隐私，这样反而会使你们的关系更上一层楼。

销售人员在交流时，哪些属于交流禁忌呢？如图2–5所示。

第一禁忌：不要质疑客户的理解力

从销售心理学来讲，总是质疑客户的理解力，客户必定会产生不满。当客户不满，他们会感觉得不到最起码的尊重，进而产生逆反心理。如果你担心客户听不懂你说话，不断地以一种老师的口吻质疑他们的话，客户肯定会反感。所谓老师的口吻，就是说你在和客户谈话的时候，不断地问客户一些诸如"你懂吗""你明白我的意思吗"之类的问题。这样的谈话可以说是销售中的一大禁忌

第二禁忌：不雅之言

每个人都希望和那些有涵养、有水平的人相处。所谓近朱者赤，近墨者黑。长时间和那些水平高的人谈话，我们的水平也会提高。反之，长时间和那些"粗口成章"或者"出口成脏"的人谈话，我们的水平会下降。如果你总是在你的销售中用一些不雅用语，那么你的销售将会直线下降。好的做法是，多学一些文明用语，改掉你的不良口头禅，至少在口头上提高你的形象

第三禁忌：隐私问题

隐私话题一般就是指客户的婚姻状况、子女信息、住房问题、健康状况、性别以及生理上的缺陷等。作为销售人员，这些信息你是可以私下进行调查的。所谓知己知彼，百战不殆，但是切记不要放在台面上来讲，否则会引起客户的强烈反感

图2-5 销售人员交流的三大禁忌

实际上，隐私不是不可以讲，而是需要在恰当的时机、适当的场合，在一个优雅的环境下，进行一次全方位的关于“隐私”的谈话。这样双方都会放松下来，这样的交流会迅速增进你与顾客的友情，使其成为你最忠诚的顾客。

所谓合适的时间，就是你与顾客有了一段时间的合作，成了朋友。所谓优雅的环境，可以是相对高级的茶馆或咖啡馆。当然，这里的“隐私”也是一些小隐私。只要不涉及别人的婚姻、财产以及性的问题，其他的隐私都可以谈。

最后，给大家分享一则真实的案例。赵宝刚以朋友的身份，与客户（李大川）聊了一些小隐私，并且处理得当，最终他们成为了长期的合作伙伴。

赵宝刚是一名汽车销售员。他性格开朗，不拘小节。但在处理事情上却又心思缜密，能想到顾客所有的疑难，并竭尽全力为顾客排忧解难。所以他在业界的名气是很高的，有很多老顾客。

李大川，赵宝刚的一名老顾客。李大川家境富裕，有一家自己的公司。在赵宝刚初次见到李大川时，通过他的面部表情和肢体语言，赵宝刚就了解到他心情不好，猜测原因是孩子的教育问题。

那一天，李大川带着自己的孩子小宝来购车。小宝13岁了，正处于青春期，逆反心理特别强，非嚷嚷着让他爸爸买宝马，说很多同学的家长来学校接时，都开着宝马。而他开的只是一款很普通的车。还说家里也不缺这些钱，为什么不能显得体面一些呢？总之，小宝所有的言语都是在极力劝说他老爸，希望能买一款高级车。

李大川不想让孩子在公开场合闹，也是为了省麻烦，就很不情愿地买了一辆宝马。这一切都被细致入微的赵宝刚察觉了。

后来，李大川由于汽车的保养、修理问题，多次来找赵宝刚。赵宝刚发现李大川依然是郁郁寡欢。

在经历了多次沟通，赵宝刚逐步拉近与李大川的心理距离，开始聊一些有关孩子的问题。通过观察与交流，赵宝刚发现确实是孩子的教育问题使李大川苦恼不已。

在之后的一次维修后，赵宝刚主动提出请李大川去星巴克喝咖啡，一块儿聊一聊。

由于赵宝刚前期了解得较清楚，于是他就直奔主题，直接探讨孩子的教育问题。赵宝刚说："大川，你也不必过于苦恼。家家都有本难念的经。每个家庭都会面临子女教育的问题。其实你家儿子正处于叛逆期，这时你不必过于和他较劲。相反，你应该给他讲道理。你应该给他灌输'多挣钱才能多花钱'的思想，以及谁挣谁花的观念，让他一步步地与社会接轨，让他多参与社会实践活动，使他懂得赚钱不易、生活不易的道理"。如果你坚持这样做，你的孩子定会理解你的苦衷。

此外，赵宝刚还向他分享了许多教育子女的经验，以及一些名人故事。总之，他们的交流是愉快的，虽然涉及了李大川的一些隐私，但是对李大川教育子女提供了很大帮助。

李大川按照赵宝刚的建议教育儿子，儿子进步非常快，也不再盲目的攀比，变得更加谦和，也更尊重李大川了。

后来，李大川又介绍了很多客户到赵宝刚那里。他们不仅是成为了长期的生意伙伴，更是成为了无话不谈的好朋友。

可见，一次有意义的"隐私"座谈，能够使顾客对你倍加信任，既做成了生意，又多交了一个朋友。所以，作为一名销售人员，你可以在与客户逐渐熟悉以后，把自己转化成朋友的身份，适当的聊些小隐私，这样会给你的业绩加分不少！

2.5 共同认知，就是知己

共同的认知是良好感情的基础。所谓知己，就是能够理解你的性格、行为的人。作为销售人员，如果你能与客户达成共同认知，那么你就能获得客户对你的信任，进而成为客户的知己。相应地你的销售业绩也会大大提升。

如何才能与客户达成共同认知，成为顾客的知己呢？最好的做法就是

“求同存异”。所谓求同存异，就是找出共同点，保留不同意见。从销售角度来讲，就是你要发现顾客的购物理念，并对他们的理念表示认可。对于你不认同的理念，保留意见，不做任何道义上的评价或指责。通过这种求同存异的方式，顾客会对你的产品感兴趣，进而实现购买行为。长此以往，顾客会成为你的忠实顾客，你自然而然也就成为了顾客的朋友。

在我们的周围生活着形形色色的人，个体存在差异，各种差异之间相互排斥又相互融合。只要能够做到求同存异，任何事情都会健康合理有序地发展。

人们讲究“物以类聚”“人以群分”，说得通俗些，人们都爱与自己有相同观念的人在一起，而不是与处处和自己为敌的人共事。

人和人之间的相处，历来都是一个找寻同类的过程。例如，人们在找小伙伴时，总会优先考虑同学、同事，或有共同经历、共同爱好、共同思想的人。寻找这些有共同点的人与自己相处、相伴，是每个人一生都在做的事情。

例如，在旧中国，在战火纷飞的年代，许多年轻人不就有共同的思想吗？坚信“砸碎旧世界，创立新世界”，这就是共同思想。当代，拥有共同思想，就是追求共同富裕，各行各业的人才贡献自己的力量，为共同富裕而努力。有共同思想的人才会产生共鸣，容易相互吸引，并发展成朋友。

接下来，再为大家介绍一个真实的，关于“求同存异”的案例。

案例

1955年4月周总理在亚非拉会议上发表了关于“求同而存异”的著名讲话。起初会议气氛紧张，各国代表纷纷表达自己的意愿，互相指责。周总理见状，放弃事先准备好的讲稿，临场发挥：“中国代表团是来求团结而不是来吵架的。我们共产党人从不讳言我们相信共产主义和认为社会主义制度是好的。但是，在这个会议上用不着来宣传个人的思想意识和各国的政治制度。”

正是这一理智而又果断的演讲，起到了振聋发聩的效果。会场的秩序和气氛立即好转，各国代表这才心平气和地进行外交谈判。

求同存异才是解决事情、提升能力的关键。在销售方面，当然也不例外。在生意场上，在销售的过程中，如果你能够坚持求同存异的策略，必然会赢得顾客的情感支持，从而增加你的产品销量，最终取得销售的成功！

那么在销售时如何才能做到求同存异，赢取顾客的信任，并发展成为顾客的朋友呢？大致需要三步。如图2–6所示。

图2-6　求同存异的三步走策略

第一步，察言观色是基础。只有你做事足够细致，能够在销售的过程中认真观察、分析顾客的各种语言（包括口头语言和肢体语言）、动作，认真分析揣摩消费者的真实想法，你才能够针对顾客的观点，提出合理化的建议。

第二步，发挥主观能动性是关键。通过积极沟通、耐心引导与客户达成共识，同时你还需要明白理想与现实的区别。俗话说：理想很丰满，现实很骨感。达成目标的过程却总是曲折的，其中避免不了遇上骨感的现实。所以你要在发挥主观能动性的同时，拥有一颗强大的心，引领你以锲而不舍的精神走向成功。

第三步，“求同”与“存异”并举。所谓“求同”就是要寻找你与顾客的共同思想、共同要求、共同利益；所谓“存异”，就是保留不同观点、不同主张、不同利益。这需要你在销售的道路上，不断探索，不断实践，在成功时找经验，在失败时吸取教训，做到不骄不躁，最终走向销售的成功。

只有你在实践过程中切实地执行这三个步骤，才能做到求同存异，与顾客达成共同的认知，争取顾客的信任，得到顾客对你的感情加分，最终使顾客成为你的朋友，成为你的忠诚顾客。

2.6 不要让客户很受伤

物体间力的作用是相互的。两个拳头相互撞击，两个拳头都会疼。同样，心理上也是如此。如果你的销售行为让顾客很受伤，那么顾客的反击行为必然会使你更加受伤，最终两者都以失败告终。顾客以后不仅不会到你的店里购物，还会向亲朋讲述不愉快的经历，这样一来，你的口碑会越来越差，你的生意也会受到影响。

接下来，用一个案例进行分析。

李儒风是一位高档皮鞋店的销售人员。他做事总是爱“看人下菜”。如果你是一位穿着得体的人，他就会不停拍马屁，使你接受他的推销。倘若，你衣着普通，那么他就会认为你是一个在商场“只转不买”的人，他就会不搭理你，而且语言生硬，态度极其不好。他自以为这样做很对，这样做销售的效率也很高，殊不知自己犯了一个致命的错误。

其实，做销售，不是只看客户的外在就对客户立即做出判断与评价，而是要通过言语的交流、思想的交流对顾客做出最真实的评价，然后用最真诚的态度来服务顾客，这样才能把顾客转化为真正的消费者，这样的销售才算是效率高的销售。

李儒风也因为他的这一行为得罪了一个顾客，最终被老板炒了鱿鱼。

那一天，李儒风正好在柜台，店里进来了一位顾客。这位顾客年龄在六十岁左右，穿着土气，但是人看起来很精神。

他走到李儒风面前讲道：“售货员，我要看看你们这儿高档的商务皮鞋，麻烦帮我拿一下吧！”

李儒风故作没听到，头也不抬，还在玩自己的手机，希望通过自己的置之不理，能够使面前这位朴素的老者迅速离开。但这位顾客丝毫没有要离开的意思，反而提高了嗓门，再问了一遍。

这一问却惹怒了李儒风，他连珠炮似地说了一箩筐话："你老人家能买得起那么贵的商务皮鞋吗？以你的打扮也不配穿高档皮鞋啊！你还是不要麻烦我了，你这样的顾客我见得多了，就是想免费试穿一下高档皮鞋！不过，在我这里可没门儿。据我观察，你只能买得起街边卖的地摊货，我看你还是快点离开好了，不要再耽误我的时间了。我很忙的……"总之李儒风的态度极其不好。

谁知，这位顾客也不甘示弱。他气愤地对李儒风讲："你这小伙子太以貌取人了，我看你也不会有太大的出息。只会些溜须拍马的销售技巧，日后必然要吃亏。我现在年龄大了，不想惹事，若是在过去，我早就把你带到你们老板面前去说理了。我今天本来是要给我的儿子买一款高档商务皮鞋的，我打听到附近只有你家的皮鞋最好，所以立即赶来，没想到竟然遇到像你这样不通情达理的销售员。我劝你先好好做人，然后再做推销人员吧！"

由于这位顾客说话铿锵有力，俨然一副长者的姿态，迅速引来周围顾客的围观。当周围顾客了解情况后，纷纷指责李儒风的服务态度恶劣。

总之那一天李儒风感觉天都要塌了，感到万分悔恨，立即道歉。可是后悔也来不及了。这件事很快传到了老板那里，老板当机立断炒了他的鱿鱼。

这则案例充分证明了，要尊重消费者。消费者虽然是一个独立的个体，但是消费者通过各种渠道进行宣传，知道的人将会越来越多。现如今，又是信息爆炸的年代，通过微信、微博或者网上直播的形式就可以把一件小事情变成一个大热点。所谓"好事不出门，坏事行千里"。你做出一点让顾客受伤的事情，你的名声很可能会迅速变坏，那么你的生意也将就此"歇火"了。

那么，如何才能够使顾客不受伤害呢？具体做法如图2-7所示。

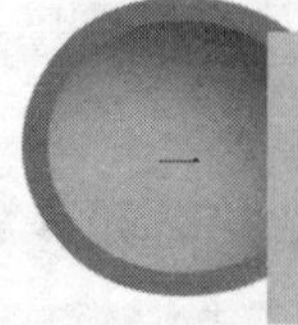

言语上要谦虚、恭敬、文明得体。如果你能够用优雅的举止、得体的言语对待消费者，消费者也会以礼相待，为之后更好的交易做准备

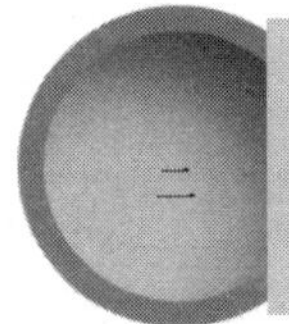

服务态度要到位、活泼、积极热情。好的服务态度不仅在销售时，还要延伸到销售后。如果只在产品销售时对顾客毕恭毕敬，在售后处理时不管不顾，这样也会使顾客心理受伤害

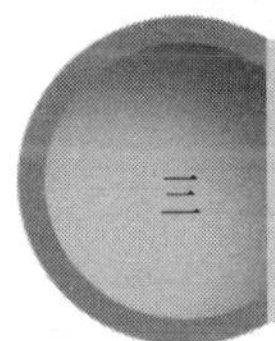

坚持将心比心的原则。你要把自己想象成是消费者，换个角度思考一下，你的服务态度也就自然而然会好起来的

图2-7 销售人员保护顾客心理的要求

由图2-7可知，销售人员应该知道，除了要保证产品品质，还要有好的服务态度，这样你才能赢得顾客的青睐。

第3章

别把客户当上帝，把他换成自己

人们经常讲“顾客是上帝”。这句话在销售界是至理名言。它的意思就是你要尽最大努力满足顾客的需求，最终获得顾客的认可，促使顾客下订单。

可是，理论是美好的，现实是残酷的。现实中有些顾客却不是“上帝”，他们为了一些自己的小利益处处刁难销售人员。这些顾客还总是打着“我是顾客，我就是上帝”的口号进行购物，让一些初出茅庐的销售人员很无奈。

“顾客是上帝”仍然是真理，但是销售人员要学会变通，要换位思考。对于那些“得寸进尺的上帝”我们可以采取一些积极的措施，满足他们的需求，最终促成购买行为。

本章，将为大家介绍销售心理学中的换位思考营销法，希望能对大家的销售起到良好的作用。

3.1 谁也不喜欢伪心的赞美

心理学研究表明，爱听赞美是人们出于自尊的需要，是渴求上进，寻求理解、支持和鼓励的表现，是一种正常的心理需求。赞美别人，是换位思考营销的一种实际应用。

美国著名心理学家威廉·詹姆士曾经说：“人类本性上最深的企图之一是期望被赞美、钦佩、尊重。”人类行为学家约翰·杜威也说：“人类本质里最深远的驱策力就是希望具有重要性，希望被赞美。”每个人都希望被赞美，在心理学上，这源于个体渴望被尊重、被认可的精神需求。

所以，作为销售人员，你要学会赞美别人。有时，你所付出的可能只是语言，可得到的却是友谊，是别人给予你的帮助，如果我们在工作中把握好了赞美的艺术，就可以收到意想不到的效果。

总之，人是一种喜欢被人爱、被人理解的动物。如果你能恰如其分地赞美对方，使彼此的心情更加愉悦舒畅，创造一种热情友好的氛围，那么你便可以增进与客户的感情，并有所收获。生活中我们会发现有许多人喜欢用赞美的眼光看待别人，然而，有些人不懂得赞美的技巧，他们想给予别人一些赞美，却屡屡碰壁。

真诚地赞美客户需要掌握以下六个技巧。如图3-1所示。

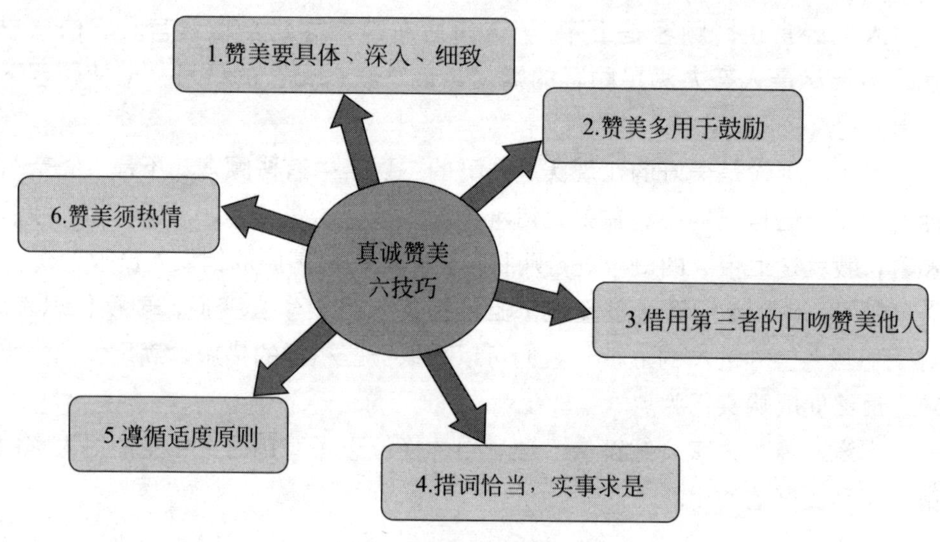

图3-1　真诚赞美的六技巧

技巧一：赞美要具体、深入、细致。抽象的东西往往因为不具体，难以给人留下深刻印象，还容易被认为做作、虚假。倘若面对初次见面的顾客，你就直接对人家各种大而空的赞美，这样做一点作用都没有，说完便过去了，不能给顾客留下任何印象。倘若你称赞某个好推销员，说："李峰有一点非常难得，就是无论给他多少货，只要他肯接，就绝不会延期。"这样的赞美是很注重细节的，也比较实在，会让人觉得你很真诚。同时这样的赞美是挖掘对方不太显著的、处在萌芽状态的优点，能够增加对方的价值感，这样，你的赞美才有作用。

技巧二：赞美多用于鼓励。用赞美来鼓励对方，能让人树立起自信心，能达到事半功倍的效果，尤其在别人初次做一件事的时候。如果对方第一次干得不怎么好，你也应该真诚地赞美一番，给对方鼓励，这样你就会赢得别人对你的好感。

技巧三：借用第三者的口吻赞美他人。赞美随时随地都能听见，而面对面或直接地赞美对方，总有点恭维、奉承之嫌。若换个角度，换种说法，就好多了。以"第三者"的口吻来赞美对方。例如，"闻名不如见面，你果真如我的朋友所讲，是一个重情重义的人"，这样的赞美会使对方特别受用。因为，当面赞扬一个人，有时会令人感到虚假，疑心你是否真心，而间接地赞美对方，则使对方认为你对他的赞扬是真诚的。

技巧四：措词恰当，实事求是。当你准备赞美时，首先要掂量一下，这种赞美，对方听了是否相信，第三者听了是否不以为然，一旦出现异议，你有无足够的理由证明自己的赞美是有根据的。所以，你必须时刻谨记，赞美只能在事实的基础上进行，不可浮夸。

技巧五：赞美要遵循适度的原则。空洞的奉承、过度的恭维，或者恭维、奉承频率过高，都会令对方感到肉麻，感到难以接受，结果适得其反。只有适度的赞美才会令对方感到欣慰。适度的标准因人、因时、因事、因地而异，需要不断摸索积累，在实践中逐渐把握这个度。

技巧六：赞美须热情。缺乏热情的空洞的称赞，会使对方认为你在敷衍，不仅不能使对方高兴，还可能引起对方的反感和不满。漫不经心地对对方说上一千句赞扬的话，都等于白说。如果缺乏热情，那么对顾客来说，你的赞美就是虚伪的。这样顾客反而会讨厌你！

综上，作为销售人员，就让我们多点鼓励，多点真诚的赞美，少些虚伪的奉承吧，多学习一些好的赞美技巧，为我们的销售事业的进步添砖加瓦吧！

3.2 主动为客户提供购买的理由

想想看为什么客户去你对面的服装店买衣服，而不去你的服装店？其实你们两家的衣服从品牌到质量再到价格相差无几。为什么顾客会区别对待呢？同理，为什么有些顾客喜欢到某家小餐馆吃饭，而这家小餐馆的饭菜又不是最便宜的？这是一个很有意思的心理现象，值得广大的销售人员深入思考研究。

如果你换位思考、反复推敲，会发现，当顾客决定购买产品时，一定很清楚购买产品的理由，有些产品也许消费者事先没想到要购买，但是一旦临时决定购买，也必然存在购买产品的理由。这就验证了一句话——存在即合理。所以，作为销售人员，你一定要换位思考，找出顾客的购买理由，主动为顾客提供购买理由。一旦你掌握了主动权，也就掌握了成功的先机。

我们再仔细思考一下，其实顾客的这些购买理由正是他们最关心的利益点。

接下来，为大家分享一个真实的案例。

我的朋友刘汝华最近换了一台微型车。这辆车除了具有体积小、省油、价格便宜等优点外，最吸引我朋友注意的是，此款微型车停车特别方便。因为他路边停车的技术太差，常常因停车发生一些小事故，所以倍感苦恼。然而这种微型车车身较短，完全能解决我这位朋友停车技术差的困扰，他就是因为这个利益点才决定购买的。

因此，作为销售人员，我们应该主动思考客户购买产品的理由，找出客户购买的动机，发现客户最关心的利益点，这样才能够在销售时事半功倍。

那么如何才能找到客户最关心的利益点呢?

这就不得不提到美国心理学家——马斯洛。马斯洛曾提出需求的五层次理论，后来被人们统称为马斯洛需求层次理论，如图3–2所示。

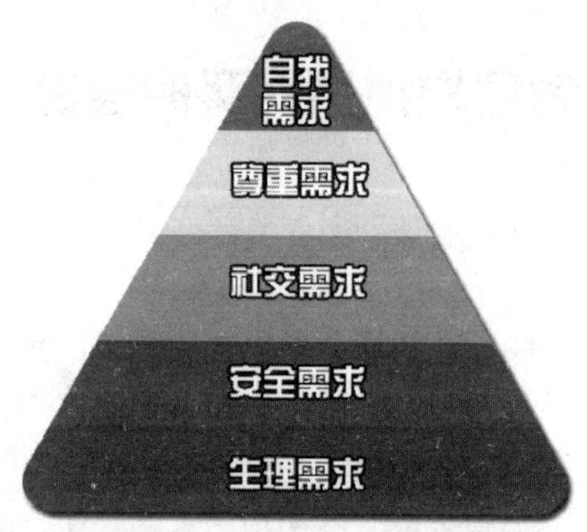

图3-2　马斯洛需求层次理论

马斯洛的需求层次理论，能够帮助我们分析客户关心的利益点，它把需求分成生理需求、安全需求、社会需求、尊重需求和自我需求五类，依次由较低层次到较高层次排列。这些需求层次为我们提供了考虑的角度。我们可以把这五个层次作为依据，主动为客户提供购买理由。

针对客户的五层次需求，我们可以具体地从以下五个方面去介绍产品（如图3–3所示），主动为客户提供购买理由。

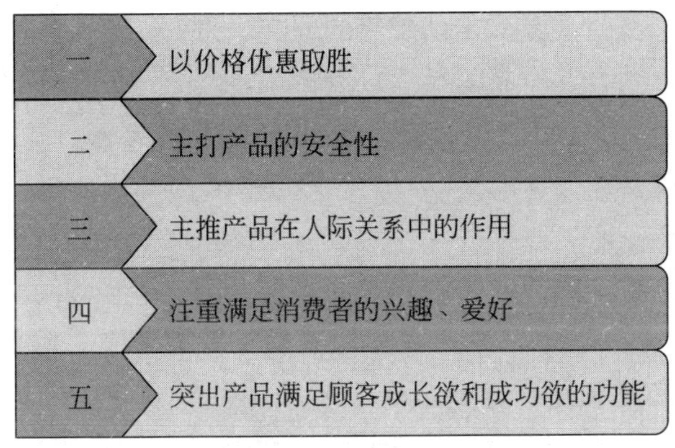

图3-3　具体介绍产品的五个方法

（1）以价格优惠取胜。客户最关心的是产品价格。如果价格过高，人们会在衣食等基本生理需求未解决时，放弃购买你的产品。相应地如果你主打价格优惠，而且销售的是衣服、食物等基本生活必备品，那么客户就会优先选择购买你的商品。因为你不仅价格低，还满足了他们最基本的生理需求。

（2）主打产品的安全性，使顾客用着舒心、安心。随着社会的进步，人们对物质的追求也提高了很多，人们现在更加注重产品是否绿色、是否健康、是否安全。

现在的消费者对衣、食、住、行的安全问题很重视。如果你的产品能够保证客户的安全需求，那么你的产品必然会受欢迎。

例如，一位销售儿童玩具的销售人员就通过为客户提供安全建议提升了业绩。每次有家长带小朋友购买玩具时，由于玩具种类很多，总是很难取舍，一些销售人员也没有好的建议，最后有的家长什么都没有购买就离开了。而他总能找准时机，巧妙地告诉家长，某个玩具在设计时是如何考虑到玩具的安全性的，家长们几乎都立刻决定购买。

总之，安全、安心也是潜在客户选购产品时经常会考虑的理由之一。

（3）主推产品在人际关系中的作用。人际关系也是一项重要的购买理由。例如，女士化妆品或男士手表的销售，都可以利用人际关系这条理由促使顾客购买。由于消费者带有一定的从众心理，当你向他介绍某产品在同类型人群中很受欢迎时，他选择这款产品的可能性会更大一些。因为用此产品，可以使他在人群中显得很和谐，也显得很时尚，对他的人际交往是有帮助的。

（4）推销产品时注重满足消费者的兴趣、爱好。如果你销售的商品能和客户的兴趣爱好结合在一起，抓住这点诉求，你一定能让对方欣喜。因为如果你说到了顾客的兴趣爱好，顾客会觉得你对他很了解，觉得你很尊重他，当然会对你青睐有加，你的产品自然也就销售得很好。当然，抓住消费者的兴趣爱好是需要一定的过程的。作为销售人员，你要处处留心，观察他们的语言、动作，尽量在细节处了解顾客的兴趣，同时也要多问问消费者，而不要一味地推销产品。

（5）突出产品满足顾客的成长欲和成功欲的功能。成长欲、成功欲是人类需求的一种，类似于马斯洛所说的自我成长、自我实现的需求。例如，“劳力士手表”“奔驰汽车”虽然是不同的商品，但它们都满足客户象征地位的利益点，最能满足顾客的个性、生活方式，彰显出他们的地位，满足他们的成功欲。

如果想要通过满足顾客的成长欲，来促使顾客购买产品，你可以寻找想学习的顾客。例如，想要成为专业的经纪人，就会参加一些管理的研习会；计算机能提升工作效率，想要自我提升的人就要到计算机补习班去进修技能。

总之，你要结合产品的特性、顾客的特性以及其他方面的因素，进行灵活的销售营销，为顾客提供一个购买产品的理由。只有这样，你才能在销售业绩上取得良好的成绩！

3.3 时刻为客户着想

所谓时刻为客户着想，就是要想客户之所想，急客户之所急，设身处地为客户考虑，解决他们心头的困惑。时刻为客户着想，就需要经常换位思考，考虑客户的真实需求。

接下来，为大家分享一则案例。

在英国有一个名为玛丽的女孩，她经营了一家服装店，生意极其火爆。原因在于她总是能够换位思考，考虑顾客的真实需求。她大学学习的专业是心理学，她深知消费心理在顾客消费时的作用，所以她总是会利用换位思考的方法来考虑自己的做法是否能够满足顾客的需求。如果不能，就立即采取新的方法，最终目的就是要最大限度地使顾客满意。

有一次，玛丽接待了一位年轻的女顾客。

女顾客说："我想买一件最性感的连衣裙，我要穿上它去肯尼迪中心，让每个见了我的人都目不转睛。我要吸引全世界的人的关注！"

玛丽说："我这儿确实有很性感的连衣裙，但是都是为那些缺乏自信心的人准备的。"

"缺乏自信心的人？难道我缺乏自信吗？简直是笑话！你会做生意吗？连招揽顾客都不会！"

"是啊，您不知道有些女人常常想穿这样的服装来掩盖她们的不自信吗？"

女顾客生气了："我可不是缺乏自信心的人！"

"您很有魅力，可您却要掩盖起来。您穿上它去肯尼迪中心，让每个见了你的人都目不转睛，难道您不能不靠衣服而靠自身的美去吸引人吗？我当然可以卖给您这件最性感的衣服，使您出风头，可您就不想想，当人们停下脚步看您时，是因为衣服，还是因为您自身的吸引力？如果仅仅是衣服吸引到人的话，那您依然只是一具躯壳，您的灵魂依然不会被关注，您觉得这样值得吗？"

听到这里，女顾客想了想说："是啊，我干吗要花钱买大家的几句恭维话呢？真的，这些年我一直缺乏自信心，可我竟然还没意识到这点，我应该对您表示感谢！"

最终，女顾客没有买那件华丽性感的连衣裙，却买了好几套低调又有质感的衣服。而玛丽因此获得了一位忠实的顾客。可谓一举两得！

尽管玛丽如此"拒绝顾客"，但依然挡不住顾客盈门，而且来她服装店买衣服的除了当年被"拒之门外"的客人，还有客人的口碑影响下慕名而来的新顾客。正是日复一日地为客户着想，客户也总是能记住她的好。有了这样的良性循环，服装店的生意越来越红火。

这则案例是要告诉经营者们，要时刻为顾客着想，不要只把目光汇聚在顾客的钱袋子上，否则，很难取得大成就。

为顾客着想，并不是学过心理学的人才会用。一般的销售人员即使没有学过心理学，心思不如玛丽那么缜密，也可以通过换位思考的营销方法来取得销售的成功。

许倩倩是一位非常内秀的女孩，她的工作是珠宝店的前台兼销售。她没有非常高的学历，长相也不是特别惊艳。但是当她站在那里，她一说话，你就会被她优雅的气质吸引。

她工作时，总是有条不紊，接待客户更是充满耐心。毕竟购买珠宝对大多数购买者来讲都是一件很有纪念意义的事情。作为销售人员，她会非常耐心地了解客户的需求，为客户推荐合适的珠宝类型以及解决客户的各种疑虑。

2017年12月，许倩倩接到了一个来电，通过电话沟通，客户被邀约到了营销中心。简单的沟通后，许倩倩了解到客户要送女友一枚钻戒作为求婚礼物，给女友惊喜。

通过更深入的沟通，许倩倩觉得这单应该是板上钉钉的事儿了。可是客户忽然接了个电话，有事需要马上离开。客户离开时说道："我们能不能晚上七八点的时候再谈一下。"听了客户的话，许倩倩爽快地答应了："可以！没问题！您有什么要求尽管提出来，毕竟买订婚戒指是一辈子的事情，我一定会全力配合的！"

当晚7点左右，许倩倩整理完一天的工作，开始准备资料、钥匙等待客户的到访。直到过了约定时间，客户依然没有到访，许倩倩通过电话联系，得知客户的紧急情况还未处理完毕，但是考虑到客户要给女朋友惊喜，而且钻戒在人生中的作用也非同儿戏。于是许倩倩就加班等顾客，等到客户再次到访，已经是晚上九点多，看到许倩倩满脸笑容的迎了出来，客户既不好意思又很感动，很快买下了一款戒指。

当别人问及她销售成功的秘诀时，许倩倩笑着讲道："优质的服务不仅仅停留在站立服务、双手接递、来有迎声、走有送声的这些规范动作上，更应该是全心全意地为客户着想，从客户的角度出发，为客户提供更人性化的服务，切实为客户解决各种业务问题，从而有效地增进和客户的感情，掌握客户的现状和需求，更好地为他们服务。”

另外，她还指出，在工作中要学会化压力为动力，从失败中吸取经验，努力改进不足之处。客户需要的是实实在在的感受，而这些感受就来自于销售人员以“客户在我心中”为理念所作出的实实在在的服务。销售工作的本质要做到深入人心，要将销售理念传达给客户，把我们“为客户服务”的宗旨有效地传达给消费者，才是销售成功的关键。

综上，用心服务要求我们设身处地为客户着想，千方百计地为客户提供服务，把客户满意作为衡量服务工作的主要标准，全心全意地满足客户需求，所以我们在做营销的时候要将心比心。只有站在客户的立场，转换角度，换位思考才能让客户体验到超出心理预期的服务。

3.4　永远不做一锤子买卖

所谓一锤子买卖，就是商家只是以赚钱为目的，不考虑产品的质量、不注重产品的售后服务，只是打着高品质产品的口号，以高价格销售劣质产品，然后打一枪换一个地方，四处高价售卖劣质产品。这些行为是极其可耻的，所有以诚信为本的商家应该铭记“诚信是金”的道理，摒弃一锤子买卖的商品销售行为。

既然一锤子买卖做不成，也不能做，那么销售人员应该秉持着什么样的理念和原则进行商品的销售呢?

很简单，那就是坚持诚信经营的原则。诚信经营说起来容易，但在高额的利润面前，很多人都会动摇，甚至不惜做一些违背职业道德、违背良心的事情。所以，作为销售人员，你要坚持不懈地“将诚信进行到底”！

但是在实际生活中，有些人经商却依然用奸商法则。具体表现为：缺斤短两、以次充好、言而无信，甚至坑蒙拐骗，嘴上说得天花乱坠，却名不副实，遇到顾客投诉，便以解释权归己所有这样的规则进行搪塞，毫无道德底线。

正是在这样的大背景下，有这样一种说法：赚小钱靠技巧，赚大钱靠做人。其实，我对这一说法是存在不同意见的，如图3-4所示。

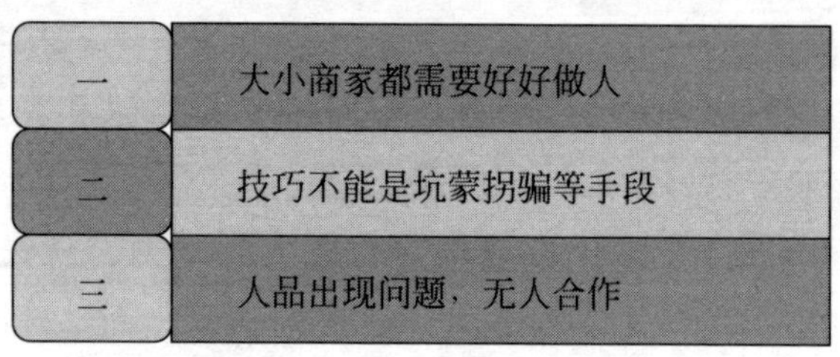

图3-4　赚钱都要具备的意识

首先，这种说法本身就存在问题。大商家固然需要良好的个人形象，通过诚信经营为自己的品牌树立名声，难道社会上的一些小商家，为了成功就可以不择手段吗?

其次，赚小钱的确可以靠技巧，但靠坑蒙拐骗等涉嫌违法的技巧，最终是会害了自己的。

最后，现如今是互联网时代，一旦人品出了问题，会被迅速传播，谁还敢与你合作? 所以，做大事靠做人，做小事也靠做人。做人不一定是特别善于维护人际关系，言行端正、在商言商便好。在商言商是一个特别好的词语，他代表了利益平衡的交换，也代表了合作的准则。

然而在现实生活中，有的小商人的谈判技巧是奉行有话可说或有话不说的原则。而这些原则来自于两个因素，一是不诚信，二是利用信息差，两个都说了，能赚钱的可能性就不大了。

人是利己的，但首先要利人，唯有利人，才能利己，这便是我对一锤子买卖的思考。

有时候，我也经常思考小商人不能成为大商人的原因。

小商人之所以是小商人，除了关系网外，为人不诚，善做一锤子买卖的行为是不是导致其发展不顺利的要素呢?

我希望，作为销售人员，当你还是一名小商家的时候，跟客户谈判时，要坚持实事求是的原则，要根据事实情况来推销商品，对消费者承诺，可以做什么，不可以做什么，什么事情有空间可以发挥，什么样的行为明确拒绝。只有做到诚信，小商家才能成为大商家!

最后，为大家分享一个案例。彭慧佳从地摊卖小行军床到开了多家连锁店，走向成功，成为了人生赢家。

彭慧佳之所以成功，除了她的热情服务外，还有一点最重要，那就是她能坚持售后服务和诚信经营。她深知，在小摊上买东西的人一般不会大手大脚花钱，买一件东西时总希望它是好看耐用的。于是，她对顾客承诺，只要有问题，尽管拿来调换。顾客对她的服务非常满意。长期以来，吸引了一大批回头客。正是凭借诚信经营，彭慧佳靠摆地摊挣下了名气，吸引了大量客流。

彭慧佳的成功说明：做小生意绝不能干一锤子买卖，即使眼前的利益不大甚至亏本，也不能做欺骗消费者的事情，一定要把眼光放远一点。只有这样，你才能不断积累，最终把小生意做大。

有些人认为推销就是“一锤子买卖”，这样的销售人员不重视和客户保持友好的关系，客户购买商品后的服务跟不上，更不会在适当的时间给客户打个电话询问商品的使用情况，随着时间的推移，他们发现推销工作越来越难做，因为需要不断开发新客户。

而信奉推销需要和客户建立友好关系的人员，非常注意服务跟进，会在适当的时间给客户打电话询问商品使用状况，随着时间的推移，他们的推销工作越来越容易，因为很多客户已经成为了他的忠实客户。

毫无疑问，一个讲诚信的商家，才值得人们尊重，也才拥有长远发展的根基。“钉钉子往往不是一锤子就能钉好的”，对诚信的践行则需要“一锤接着一锤敲”，服务也要紧跟其后。只有这样，我们才会获得无穷的臂助，最终成为“讲诚信的赢家”。

3.5 客户需要的只是朋友间的随意感

作为销售人员，应该奉行“顾客是上帝”的原则，但不能把这句话简单地理解为良好的服务态度，而应该是一个服务观念。把顾客当上帝，并不是要求你多么敬畏顾客。很多时候，客户需要的只是朋友间的随意感。

销售高手会把客户当做朋友，以朋友的身份跟客户交流，时刻为客户的利益着想。做生意就是做人，尤其是销售人员在前线，天天面对的就是客户，和客户沟通对其销售工作有着重大意义。作为优秀的销售人员，我们应该主动跟客户联系，培养与客户的感情，使顾客成为我们的朋友。

那么作为销售人员，应该怎样留住顾客，让顾客成为我们的忠实顾客，甚至朋友呢？

接下来为大家分享一些基本原则和具体的小建议。

1. 在心底把顾客作为老朋友

一般来说，很难在第一次见到客户就把他转变成好朋友，但是你需要尝试，你要试着把他当做老朋友。一方面，你见到客户的时候不能太拘谨，太过拘谨局面反而会更僵。另一方面，你要从内心里觉得他是你的朋友，和他平等的沟通，不盲目自大也不妄自菲薄，让他感受到你平和的心态，这样对你的产品介绍将会有很大的好处。

那么和客户发展成为好朋友有什么技巧呢？具体技巧如图3–5所示。

技巧1：换位思考，替顾客着想。我们与顾客合作一定要追求双赢，特别是要让顾客知道他买的商品质量是好的，是物美价廉的。我们工作，希望自己做出业绩，得到认同，而顾客希望能够买到一些物美价廉、物超所值的产品。所以销售人员一定要注意，不要把顾客不太想要的东西卖给他，也不要让顾客花冤枉钱，要尽量减少顾客不必要的开支，顾客也会节省你的投入。

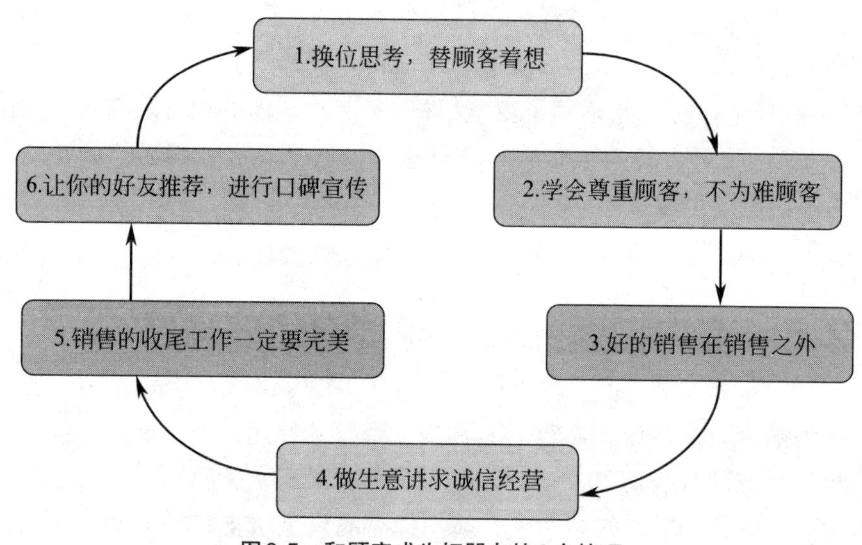

图3-5　和顾客成为好朋友的6个技巧

技巧2：学会尊重顾客，不为难顾客。每个人都需要被尊重，都需要获得别人的认同。对于顾客付出的每一分钱，我们都要心怀感激，并对顾客表示感谢。而对于顾客的失误甚至过错，则要表示出宽容，而不是责备为难，应该找出一种达成和解的方法，最终促进双赢。这样，你会得到顾客的尊重，成为顾客的朋友。

技巧3：好的销售在销售之外。例如，有顾客在生活中碰到一些困难，只要是我们知道又能做到的，就要努力帮助他们。这样，我们与顾客就不仅是合作的关系，更多的是朋友关系。一旦有购买需求，他们很可能会先想到我们。

技巧4：做生意讲求诚信经营。一个守信用的人最终会赢得顾客的尊重和信任。满足顾客需要并不是无条件的，必须是在坚持守信原则的前提下满足。只有这样，顾客才有理由相信你在推荐产品时也遵守诚信的原则，他们才能放心与你合作。

技巧5：销售的收尾工作一定要完美。你以为把产品卖给消费者，一切就都万事大吉了？也许这是大部分业务员的处理方式，但这是一个巨大的错误。事实上，每一次生意结束的时候正是创造下一次机会的最好时机。当销售出产品后，千万别忘了送给顾客一些合适的小礼品，如果效益确实不错，最好还能给顾客一点意外的实惠，让每笔生意有个漂亮的收尾，这样做带给你的效益不亚于你重新开发一个新的顾客。

技巧6：让你的好友推荐，进行口碑宣传。如果前面的要诀你都掌握并运用自如的话，你就会赢得顾客和朋友的口碑，他们会向朋友推荐你。那么你的销售就有如原子弹爆炸，会迅速扩张，从而达到生意的最高境界——让顾客主动找你。

2. 要观察敏锐、反应迅速

对于这一点我用一个真实的案例来进行说明。

案例

如果想要和客户成为好朋友，那么必须要了解他的性格与兴趣，而了解客户必须要做到观察敏锐、反应迅速。朱敏就是这方面的能手，她能够通过敏锐的观察了解客户的个性，从而为进一步的销售做准备。

通常朱敏去客户那里时，总会用余光迅速观察办公室的布局和装饰物，以及客户的衣着和发型等信息，以此来了解客户。她会迅速分析观察到的东西，如果看到桌子旁边有运动鞋，她就可以判断客户很可能爱运动，如果看到办公室里的装饰物是些名人字画，那可能代表着客户的艺术品位较高，把观察到的所有信息进行分析后，就会有自己的初步判断。

在介绍完毕自己的产品后，她就会有意无意地问些关于她自己判断出的东西，比如“您平时是否爱运动啊”等，问这些话有两个目的，一是判断客户的性格，比如爱运动的人性格一般比较开朗；第二就是可以找到客户感兴趣的话题，然后投其所好。

她往往就是通过这样的观察，进行进一步的约访，然后再进行产品介绍。总之，一回生、二回熟，她通过不断地约访，使顾客成为了她生活中的朋友以及生意上的长期伙伴。

所以，作为销售人员一定要观察敏锐反应迅速。

3. 要细致认真，不要随意随便

和客户沟通的时候也要了解他的家庭情况、子女情况和身体健康情况等方面的信息。

了解客户的家庭信息和子女信息后，想想你对他的子女等有无帮助，能不能帮他做些他想做却没有做到的事情，比如找一个合适的家教之类。

笔者有个朋友是做项目宣传的，刚开始时，他的业绩不怎么好，基本上没有业绩，但是他不气馁，总是在寻找机会。有一天，他听说负责项目的领导想为孩子找个英语家教，他就每天去义务辅导英语，这样能经常和客户沟通，最终获得了一份价值几千万的订单。虽然这样的机会不是每个人都有，但是了解客户的基本信息，从小事做起，从细节之处做起，必然会有很好的结果。

和客户成了朋友后也不能过分随便，要随时提醒自己虽然是朋友，但是不要什么玩笑都开，不要过于打探人家的隐私。简言之，就是不要太随意随便。

希望以上方法和原则能使客户和你成为好朋友，从而使你的销售业绩更上一层楼。

3.6 不要急着推销你的产品

在一般人眼里，销售人员大都能言善辩，能说会道。可是有时却是你的能言善辩害了你！所以，你需要学会换位思考，考虑顾客的消费心理，而不是着急地推销你的产品。

首先，为大家总结了10个典型的顾客消费心理，希望你能根据这些消费心理，理性自然地进行产品的宣传，而不是张口就来，张口就讲，急着推销你的产品。

顾客消费心理1：请不要急着推销你的产品，请先了解我到底需要什么，我会买什么。当顾客进入你的店面，肯定是有他想购买的产品，所以你不要盲目介绍，而是静观其变，了解顾客中意的产品后，再进行有针对性的介绍，这样效果更佳。

顾客消费心理2：请笑着欢迎我，我很敏感，能感觉到你的情绪，我和你一样，喜欢开心地生活。所以你首先要做的是微笑服务，展示你的真诚与热情，这比直接进行宣传要好很多，而且也不会受到顾客的反感。

顾客消费心理3：我喜欢被尊重，我喜欢被人记住姓名，也希望知道你是谁。基于这一点，作为销售人员，你要自信地进行自我介绍，同时你要有一张完美的名片并要去了解客户的身份。只有做了充分的了解，客户才会觉得你不仅仅是推销商品的，还会觉得你的人品也应该很不错，自然会对你的产品有所青睐。

顾客消费心理4：我的问题不多，但请你真诚地帮我解决，你帮助了我，我是很容易就信任你的。基于这一点，对于消费者的问题，你要有求必应，态度也要真诚。如果你的解答能够使消费者解除疑惑，而且能够做到幽默有特色，那么你赢取消费者信任的可能性就会更大一点。

顾客消费心理5：如果我在为我的亲人选择产品，希望你和我一样多关心他，那样我会被感动。当顾客在为自己的亲人买礼物时，你可以把自己想象成顾客的亲人，一定要为消费者挑选最优质且实惠的产品，而不是为了赚钱以次充好。

顾客消费心理6：打小就知道王婆卖瓜，所以我也不喜欢自我标榜，我相信切实的数据和无可辩驳的第三方证据。基于这一消费心理，你要学会用数据说话，用数据来证明你的产品的性能，做到以理服人。

顾客消费心理7：如果我暂时不想买，你能不能和我多说说话，我不喜欢冰冷的态度。有些销售人员总是目光短浅，只会把关注的眼光放在顾客的钱袋子上，而不是放在顾客的情感上。当顾客只是逛一逛时，他们就态度冰冷。这样做对你的长久发展是不利的。

顾客消费心理8：请笑着和我说再见，我会再来的，如果我没记得，请您提醒我。其实做生意就是讲究善始善终。消费者进来就是客，要做到迎客有礼貌，送客更有礼貌。只有这样周到的服务，才会使顾客感到满意，从而赢得顾客的信任。

顾客消费心理9：能和你做朋友我将会很开心，我也很乐意帮助我的朋友。所以要以诚待人，要一步步地了解客户，像对待老朋友那样对待客户。人是感情动物，你对客户好，客户才会对你好，你让客户开心，客户才会买你的产品。

顾客消费心理10：如果偶尔有意外惊喜，哪怕是一双袜子，我也会对你非常感激。哪怕只是很小的恩惠，客户也看到了你的那份诚心。所谓“礼轻情意重”，如果你能适当地给予客户小礼品，而不是一毛不拔，那么你的销售业绩会好很多。

了解了以上10个顾客的消费心理，想必你也知道不应该盲目地介绍产品了吧。销售是产品由物品转化为金钱必不可少的环节。如果销售得好，产品就能获利；如果产品销售得不好，就会导致货物积压，严重的话可能血本无归。那么，在实际销售中，我们又应该怎么做呢？

其实，把客户牢牢握住，主要看你的修炼火候，而这主要来自于你对人性的洞察和对消费者心理的摸索。如图3-6所示。

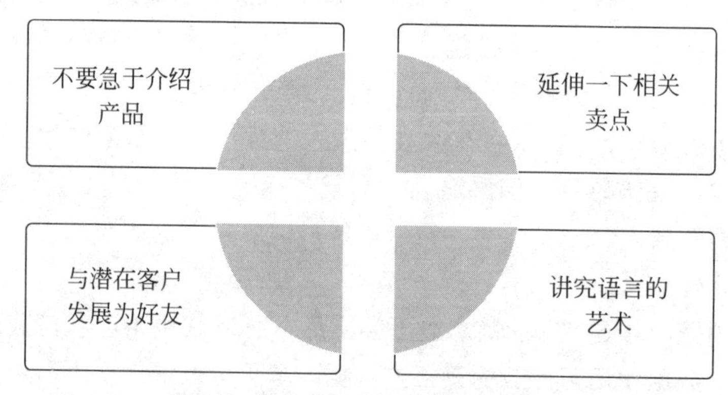

图3-6　销售人员“修炼火候”的技巧

第一，客户来到你的店面，千万不要急于介绍产品，而是让他慢慢熟悉环境。当他熟悉环境后，你就陪伴在他身边，尝试做一点引导建议，引导客户逐步进入状态。当客户进入状态后，你再适当提问，根据他表达的需求点和兴趣点进行提问，这样你们的话题就会变多。讲话投机，销售结果自然就会好一些。

第二，根据客户的需求点，再延伸一下相关的卖点，作为产品附加值传达给客户，而在宣传产品的核心卖点时，要突出产品的优越性。例如，产品能够给他的生活带来方便、安全、健康等。

第三，对于潜在客户，不要急着推销你的产品，而是要试着与他发展成为朋友，最起码也要混个脸熟。那么，如何才能与客户发展成为朋友呢?

人都是喜欢接受赞美的，如果你能真诚地赞美客户，那么客户自然也会提升对你的好感。另外最好的赞美方式是虚心请教顾客，让顾客产生一种优越感。这样你在赞美顾客的时候，他才会觉得你是真的赞美，而不是拍马屁。

第四，作为优秀的销售人员，你要讲究语言的艺术。语言是一门艺术，不是你一味地滔滔不绝就能显示你的口才，而是讲话要有一定的特色。作为一名优秀的销售人员，你的讲话必须要做到言辞有力、强调本意、不拐弯抹角。

另外，语言的使用也需要因人而异、因时而异。

所谓因人而异，就是说当你与一名原则性极强的顾客谈话时，你一定也要保持自己的原则。另外，对于原则性问题要做到决不含糊，非原则性问题则可以采取相对缓和的态度。

所谓因时而异，就是你与客户约访谈话时，要遵循欲擒故纵的方式，千万不能急于求成，不分时间地点地催促客户进行商谈。如果这样，反而会弄巧成拙，贻误战机，让客户感觉你急于赚钱，而不尊重他们的私人空间，这样可能会影响你们以后的合作。

综上，作为一名优秀的销售人员，切记不要急着推销你的产品，在推销产品前，要了解客户的消费心理，然后在销售时运用一定的谈判技巧，使顾客在轻松愉快的氛围下买下商品，争取做到双赢!

第4章

不要过度承诺，但要超值交付

戴尔有句名言——不要过度承诺，但要超值交付。

不是说不要承诺，而是不要过度承诺，承诺最起码要与你的能力成正比。假如你是一个百万富翁，你说要为难民捐巨额金钱，还有人信，觉得你是一个有正义感的富人。可是如果你穷得叮当响，却大言不惭，说能使人一夜暴富，别人会信吗？

其实，作为销售人员，一方面你要遵守承诺，要根据自己的能力适当做出承诺，而不是过度的承诺；另一方面，你要尽最大努力完成你的承诺，如果能够超值兑现你的承诺，那么你在顾客心中的地位就会大大提升！

从心理学角度来讲，超值交付其实是满足了顾客追求物美价廉的心理，也是一种获得忠实顾客的绝佳方法。

4.1 四维承诺：时间、地点、内容、附加值

四维承诺，就是对于做出的承诺要按时完成，要遵守约定交易的地点，要保证产品货真价实，此外还要兑现高附加值的承诺，如图4-1所示。如果你的承诺能够完美地体现这四点，那么你就能够迅速获得顾客的信任，使其成为你最忠诚的顾客。

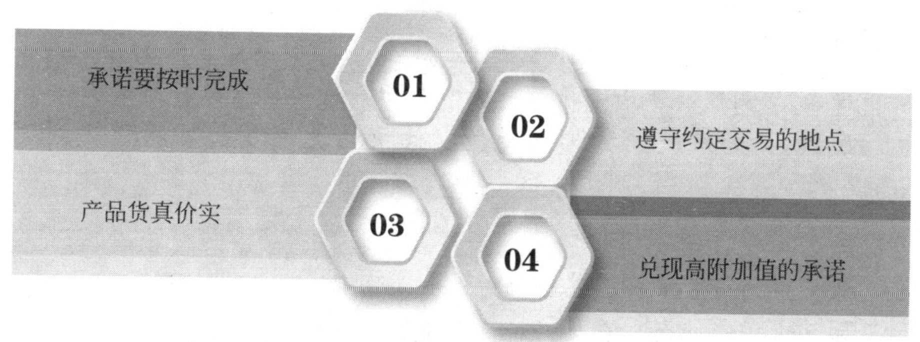

图4-1 四维承诺

身处现代化的社会，技术变革加快，互联网技术的发展也是日新月异，我们遭受大量信息的狂轰滥炸，我们的时间也变得碎片化。在这样碎片化的时间里，我们的精力也被分散了，有时甚至会忘掉一些很重要的承诺。例如与朋友的约会，与客户的商谈等，由此造成失信于人，这是很不应该的！作

为销售人员，要切记：遵守时间，按时兑现自己对客户的承诺。

遵守时间是四维承诺中最重要的。如果你能在遵守时间上做得很到位，就会给客户留下一个良好的初次印象，这对你们日后的业务往来是大有帮助的。

接下来，我就用一个实例来证明遵守时间的重要性。

康德是德国著名的哲学家，他是一个十分守时的人。1779年，康德想要去一个小镇拜访他的老朋友威廉，于是，他就给威廉写信，说自己将会在某天上午11点钟到达约会地点。康德在约定时间的前一天就到了那个小镇，为了能够及时赴约，他第二天一早就租了一辆马车赶往威廉先生的家。

威廉先生住在一个农场里，这个农场离小镇大约十几英里，与小镇隔着一条河。康德若想及时赶到就需要从桥上过去，但当马车到达河边时，车夫停了下来，对康德说："先生，我们过不了河了，桥面损坏了，再往前走，会有危险。"

康德无奈，只好下马。

此时正是雨季，河水很深。康德看看时间，已经10点多了，他焦急地问："还有其他的路可以选择吗？"

车夫："有。在上游的地方还有一座桥，离这里大概有10英里。"

康德："如果我们从那里走，以最快的速度多长时间能够到达农场？"

车夫："最快也得40分钟。"

康德感到万分沮丧。忽然他看见一家农舍。

于是，他跑到农舍旁边，对主人说："您的房子出售吗？"

农妇听了他的话，很吃惊地说："我的房子破旧不堪，而且地处偏僻，您要这房子有何用？"

康德："这就与您无关了，您只要告诉我愿不愿意卖房子？"

农妇："乐意得很，只要200法郎就足够了"。

康德毫不犹豫地付了钱，对农妇说："如果您能够把一些质量好的木头从房子上拆下来，并且能够在20分钟内修好这座桥，我就把房子还给你。”

农妇再次感到吃惊，但还是把自己的儿子叫来，及时修好了那座桥。

马车终于平安地过了桥。11点整，康德准时来到了威廉的房门前。

一直等候在门口的老朋友看到康德，大笑着说：“康德，我的老朋友，你依然准时！”

康德和老朋友度过了一段快乐的时光，但是他对为了准时过桥而买下房子、拆下木头修桥的过程却丝毫没有提及。

后来，威廉还是从那位农妇那里知道了这件事，他专门写信给康德说：老朋友之间的约会大可不必如此煞费苦心，即使晚一些也是可以原谅的，更何况是遇到了意外呢。

但是康德却坚持认为守时是必需的，不管是对老朋友还是陌生人。

也许在我们现代人看来，康德为了按时到达花了200法郎修一座桥，完全不值得。也许还会有人认为康德是个有钱人，修理一座桥根本就不需要花这么多钱，他却一掷千金。

可在康德的观念里，遵守时间就像珍惜自己的生命以及名誉一样。正是他的这种观念，使他的信誉特别好。

守时不仅是一种美德，更是一种良好的职业操守。作为一名销售人员，你要懂得珍惜时间。所谓珍惜时间不仅仅是要注意不浪费自己的时间，也要时刻注意不能白白浪费客户的时间。

作为一名销售人员，你要管理好自己的时间，遵守与客户约定的时间，做到守时守信，这样客户才会对你放心，才会尊重你。

此外，兑现高品质内容和高附加值产品的承诺也必须实现。高品质的产品是获得消费者认可的保证，高附加值的产品又能够使你在消费者那里得到很高的附加分。倘若你能在遵守时间的基础上，保证产品的高质与高附加值，同时又能持之以恒，那么你在消费者心中的地位将会越来越高，你的名誉也会越来越好，再通过进一步地口碑宣传，你的销售业绩会越来越好！

4.2 遵守契约精神

契约的实质就是诚信，它是社会良性发展必不可少的元素。在商品买卖中，一个人付了钱，就应该得到等价的商品。契约将一个人的权利、责任、义务进行明确划分。契约精神既是连接契约与本性的理念和过程，也是人们承兑契约、追逐本性的态度，更是自我经营、回归本源的能力。

吴晓波曾经提到，遵守契约能很好地保护自己的利益。作为销售人员，应该诚信营销，遵守契约精神。同时必须要注意，在越发达的城市，在制度越完善的公司里，契约精神越显得重要！

接下来，给大家分享一个关于遵守契约的案例。

这是一个关于孩子的坟墓的故事，所体现的契约精神，我们称之为人性、诚信。

在1797年7月的一天，仅有5岁的小男孩不慎失足坠崖身亡。男孩的父母伤心欲绝，最终决定在孩子跌落悬崖处，为孩子立一个坟墓。

后来，这家家道中落，男孩的父亲不得不转让自己的土地。

但是，男孩的父亲向土地的新主人提出了一个特殊要求：让孩子的坟墓永远保留在这片土地上。

听了故事后，新主人同意了条件，并为此写了一份契约。

100年过去了，这片土地更换了多家主人，但男孩的坟墓一直被保留着。1897年，这块土地又被征选为格兰特将军的陵园，男孩的坟墓依然被保留下来。就这样，小男孩的坟墓与格兰特将军的陵墓成为了邻居。

又一个100年过去了，在1997年7月，格兰特将军陵墓建成100周年时，人们重新整修了格兰特将军的坟墓，同时也整修了男孩的坟墓，并在碑文上刻下了男孩的故事，以及关于契约的故事。

这份延续了两百多年的契约揭示了一个简单的道理：只要许下承诺，必然要始终坚持。

契约精神是一个很深奥的问题。但说得简单些，遵守契约精神，就是要诚信做人，诚信做事。落实到销售人员那里，就是要做到诚信营销，不盲目向顾客许下诺言，一旦向客户许下承诺，就要竭尽全力兑现自己的承诺。

那么在现代社会，作为销售人员，又要如何做才能最大程度地遵守契约精神呢？如图 4–2 所示。

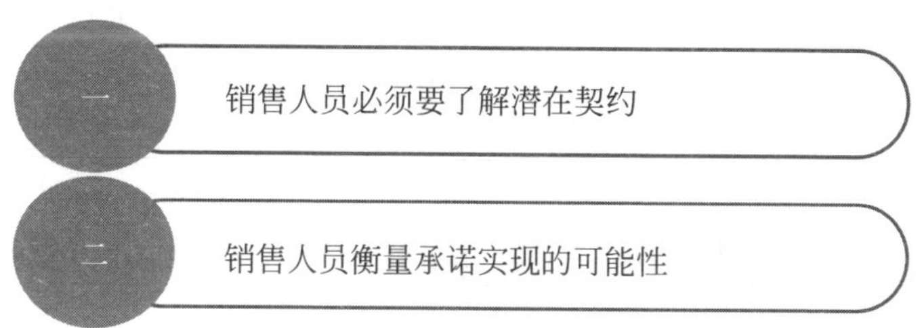

图4-2 最大程度遵守契约精神的做法

一方面，销售人员必须要了解潜在契约。何为潜在契约？就是那些口头上的承诺。一般来看，那些以文字形式确定的契约大多数人都能遵守，因为一旦毁约，就会受到经济或者法律上的惩罚。然而很多人却不遵守口头上的契约，或是一些无法让人轻易察觉的不明显的契约形式。因为他们认为那只是说说而已，又没有“白纸黑字”的材料来证明，所以无需重视。殊不知，这样做，哪怕只有一次，客户都不会再主动与你有生意上的往来。如果客户再向外界宣传此事，那么你的口碑也就毁掉了，最终导致的必然是你生意上的挫败。

例如，当你在做一个项目时，和你对接的同事希望你能够在某个日期前做完，这就意味着一个契约的建立。或许这件事并不是你的主要任务，在对方提出截止日期之前，你就应该根据自己的进度与其商量，一旦定下口头上的承诺，你就要不遗余力地去完成。

另一方面，作为优秀的销售人员，你要学会衡量承诺实现的可能性。许多销售人员都有这样一个坏习惯，当别人提出请求时，就不假思索地答应了，一点也不考虑实施起来的难度，直到做的时候，才发现难度较大，自己根本做不成，最终还得向顾客说明情况，连连道歉。虽然道歉很有礼貌，但在顾客那里，你就成为了盲目自大、不守承诺的人。

所以，当客户提出请求时，你的第一反应不是答应或者拒绝，而是考虑这件事情实现的可能性。当无法保证百分之百实现时，尽量避免使用绝对性的词语，例如，“绝对”“100% 完成”等。你要学会适当地给自己留一些退路。你要学会说，“我会尽全力去做这件事的，但结果的好与坏我还不确定。”如果这样说，客户一方面看到了你的诚意，另一方面也会觉得你是个信守承诺的商家。

综上所述，人与人之间的交往是存在着契约的。物质利益的来往，有法律的契约；行为生活的交往，有精神的契约。契约无处不在，作为一名销售人员，你要遵循契约精神，不要做一个自认为很聪明的“时时讲究变通”的人。那些违背契约的变通者，最终会被市场淘汰。

4.3 给承诺一个完美的期限

所谓给承诺一个完美的期限，就是你的承诺必须是及时的、可靠的。这与虚假的口头承诺或给人一张空头支票的做法是完全对立的。

接下来，我用曾子杀猪的故事来为大家诠释“给承诺完美期限”的重要性。

曾子是孔子门徒，是有名的贤士。

有一天，曾子的妻子要到集市上购物，他们的小儿子非哭喊着要去。

但曾子的妻子觉得带儿子去逛街市会很累，于是她就对孩子说：“你待在家里等娘亲，娘亲在街上给你买棉花糖，而且回来后让爹爹杀小猪仔给你吃。”

孩子听后大喜，也就不闹了。当她从集市回来，曾子正在磨刀，准备杀猪。

曾子的妻子急忙对曾子说：“小猪仔不能杀，我是哄孩子玩的”。

曾子说：“做妈妈的怎么能欺骗小孩子呢？如果做母亲的都不守信用，那么孩子长大后也会成为不遵守诺言的人。我们答应孩子的事是不能反悔的。”

曾子的妻子点头称是，和曾子一起杀了小猪仔。

曾子的故事说明了在期限内完美兑现承诺的重要性。在曾子的故事中，他的期限是“妻子回来的时刻”，他做到了，当妻子回到家，他就磨刀霍霍向小猪。他一方面是向孩子展示家庭对他的承诺，另一方面也是在培养孩子遵守承诺的习惯，为孩子以后的成长做出了表率。

同样，这样的案例也可以运用到生活中的各个领域。如果你做任何事情都能遵守承诺，并在期限内完美地兑现了承诺，你必然会受到大家的热烈欢迎。

但是，事情的发展往往不尽如人意。有时你试图按照约定时间完成你的诺言，却总是发生意外。如果碰到这样的情况，你要尽量不为自己的违约找借口，而是向对方真诚地道歉。这样的话，你或许会获得客户的原谅。如果你总是为自己找借口，那么久而久之，大家就会认为你是个不守信用的人。

接下来，用香港畅销书作家梁凤仪的具体事件来说明，错过了约定时间，如何做才是最为明智的举动！

一次，香港著名的畅销书作家梁凤仪应邀到北京大学作报告，时间是下午3点。当天上午她应邀参观了中央电视台的一个拍摄基地后，觉得时间还很充足，就和基地的领导一起共进了午餐。谁知乘车去北京大学的路上堵车了，结果迟到了一小时。

会议开始后，主持人一再强调：“梁老师迟到是因为严重的堵车。”

但是，走上讲台的梁凤仪觉得自己是不可原谅的，于是对同学们说：“各位同学，我在此向大家诚恳道歉！北京堵车是常事，但我不应该为自己的迟到找任何的借口，我应该提前把堵车的时间计算在内，做好更加充分的准备。总之，我为自己的迟到道歉，也希望以后大家不要模仿我，要做一个遵守时间，遵守约定的人！”

她的话，不仅赢得了同学们热烈的掌声，更赢得了大家的尊敬。

因此，如果你给对方一个明确的时间，而在规定时间内你没有兑现自己的承诺，那么你就要学会道歉，用最真诚的道歉来换取大家对你的原谅。

在销售行业更应该做到在规定时间内兑现承诺。如果做不到，你很可能会受到一定的经济处罚，甚至法律制裁。其实处罚还是次要的，关键是一次不守信用的行为可能会严重影响你的口碑，最终导致你的销售越来越差。

那么，如何才能给承诺一个完美的期限呢？如图4–3所示。

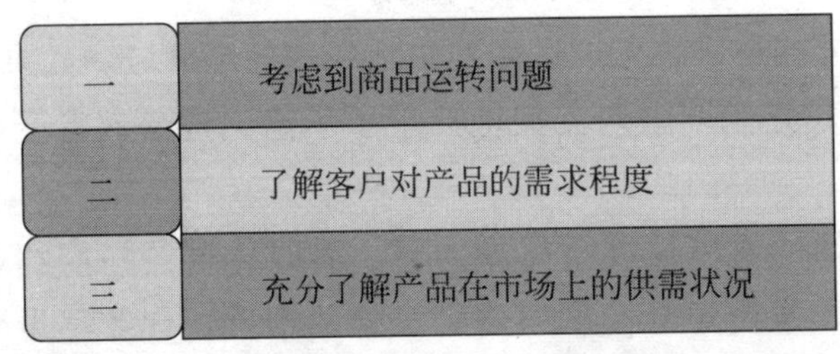

图4-3　销售人员在规定时间内兑现承诺的必要准备

（1）你要考虑到商品的运转问题，包括商品的数量运转、商品进入市场的时间周期等。如果客户需要大量的货品，而你暂时没有足够的库存，你就不能立即给客户一个明确的日期，你需要做各方面的调查与准备，确定一个最合适的时间，再给客户一个满意的回答。即使客户要得再急，倘若你真的没有十足的货源，你也必须这样做。不能为了抢客户，三下五除二就签下了订单。如果最后没完成订单，你就要给出相应的赔偿。赔偿是小，有损名誉是大。所以你在给出承诺的时间前一定要三思！

（2）你需要了解客户对产品的需求程度。所谓知己知彼，方能百战不殆。如果你发现客户急需要一批货物，而且数量巨大，很多商家的库存都不够，你的库存也是如此。此时你就需要拍高价去其他地方收购，然后与客户商量，说你可以以最短的时间筹措到所需要的货物，与客户进行签约，这样做，你可以很快地拉住客户。如果你的货物在规定的时间内安全到达客户的手中，质量又不存在问题，那么你就相当于拉住了一个忠实顾客，因为你解了客户的燃眉之急。

（3）期限的完美与否，其实就是一个供需问题。如果你能充分地了解产品在市场上的供需状况，那么你定下一个完美的交货时间还是比较容易的。另外你要记住，虽然完美是相对的，没有绝对的完美，但是你要尽你所能，把销售给顾客的产品做到品质最高，残次率最低。好的质量配上完美的期限，才会使顾客满意。长此以往，你与客户的合作形成良性循环，你的销售也会更上一层楼。

4.4 德国纽扣的寿命比婚姻还长

德国人有句玩笑："德国纽扣的寿命比婚姻还长。"衣服旧得不能再旧了，但衣服的扣子依然还在。可见人们对德国产品质量的肯定。正是因为德国企业的严谨，因为他们的专注和坚持，才有了今天德国制造的品质保证。所以，作为销售人员，一定要保证销售的产品质量过硬，重视产品的质量营销。

质量营销，能够使顾客对产品产生信任。如果你的产品在质量上能够征服顾客，那么你的产品就能在市场上拥有立足之地。现在是一个质量竞争的时代，著名质量管理专家朱兰博士曾预言："21世纪将是质量的世纪，质量将决定竞争力的高低，成为和平占领市场的最有力武器。"美国专家也提出了"质量要革命"的口号，认为第三次世界大战是一场不用枪炮、不流血的商业战，用户满意是衡量产品质量的唯一标准。

德国的产品质量在国际贸易中得到各方认可，这与他们的质量营销模式以及质量管理思想密不可分。德国企业从自身实际和德国文化出发，形成了有自己特色的质量管理模式，打造了众多世界知名产品，例如奔驰、宝马、博世、西门子等。德国企业的质量管理思想如图4-4所示。

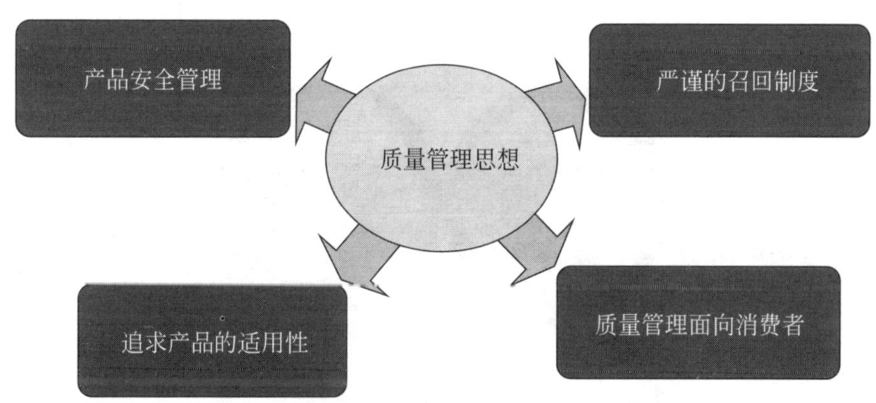

图4-4 德国企业的质量管理思想

（1）产品安全管理。德国在产品的安全管理方面，有一套自己的管理机构、法律法规、行业标准以及质量认证等制度体系。

例如德国有《设备安全法》《产品安全法》《食品法》等。以食品安全为例，德国在食品安全方面的法律法规有《食品和日用品管理法》《食品卫生管理条例》《HACCP方案》《指导性政策》等。

（2）严谨的召回制度。德中经济资讯协会主席王学军说："我在德国生活多年，很少听到德国出口产品在国外遇到质量问题的消息。偶尔出现，也主要是由企业主动来解决，比如产品召回等。"对此，他这样解释："这主要得益于德国一整套完善的出口质量事前管理、事中监控、事后处理程序，在发现质量问题后，企业通过主动召回等程序不仅能妥善解决，还会增加海外消费者对产品的信任度"。

德国百年老店Haribo甜点公司在2007年曾在全球召回1.4万袋糖果，因为该公司发现生产线传输带的一根金属钢轨扭曲，可能会导致一些金属粉末污染了部分产品，因此公司决定全球召回该批次全部产品。

（3）追求产品的适用性。不以合格率为主要标准，扩大产品优等率。

（4）质量管理面向消费者。德国企业强调企业必须把满足用户需求作为质量管理的出发点和目标，因为顾客的不满意将会给企业带来麻烦。

现在德国的大多数公司提出"最现实的质量好坏标准就是顾客是否满意"，他们还认为"百分之一的次品对顾客来说就是百分之百的次品"。正是因为以消费者的满意度作为产品质量的试金石，所以他们在生产时能达到非常高的品质管控标准。

德国的质量管理组织制度同样体现了他们的质量管理思想，如图4-5所示。

图4-5 德国的质量管理组织制度

（1）重视加强产品形成早期阶段的管理，事先把好质量关。具体方法是把质量管理作为生产的重中之重。

（2）实施跨企业组织质量管理协作。与其他相关企业签订质量管理协作协议。

（3）对员工进行普遍的质量管理教育以及相关的培训工作。无论是生产部门还是销售部门的员工都要接受质量管理教育方面的培训。

（4）注意生产的连续性和稳定性，不搞形式主义更不会进行超负荷运转。德国企业平时就比较重视产品生产的效率，同时会配合市场部的相关数据进行有条不紊的生产工作，不会出现突击生产的现象，这样就保证了产品的质量。

介绍德国的生产案例是为了说明产品质量管控对企业树立品牌口碑，达成质量营销的重要性。接下来，向大家介绍我国企业的案例。

所谓一失足成千古恨，如果为了一时的利益而放弃了产品的质量，最终会得不偿失。所有的销售人员都应该严格把关产品质量。如果真的是一时的疏忽出现了产品的质量问题，就一定要想方法进行危机处理。这方面海尔的处理方法是比较明智的，大家对多年前的“海尔砸冰箱”事件应该还有印象。

作为一种企业行为，海尔砸冰箱事件不仅改变了海尔员工的质量观念，为企业赢得了美誉，而且提高了中国质量竞争的能力，反映出中国企业质量意识的觉醒，对中国企业及全社会质量意识的提高产生了深远的影响。

对销售人员来说，不道德的销售行为或许在某一次交易中会侥幸得逞，但要建立与发展真正的合作伙伴关系，这样的行为是不可取的，需要百分百的诚实和真挚。

所谓质量营销，就是企业在质量经营活动过程中，以产品的质量为营销中心，通过实施各种营销手段，来提高顾客对企业产品质量感知的程度，满足或者超越顾客的需求或期望，最终达到顾客满意的一种管理活动过程。

那么销售人员如何才能更好地进行质量营销呢？如图4-6所示。

综上所述，作为销售人员，我们要有这样的信念——你的需求，我们知道；你的追求，我们创造。为了满足客户对质量的要求，我们应做到“为伊消得人憔悴，衣带渐宽终不悔”。总之，无论是销售部门还是生产部门，应该做到全员参与，相互监督，共同为提高产品质量付出努力。只要我们向着同一个目标，心往一处想、劲往一处使，就一定能把产品质量提高，就一定能够实现我们的目标。

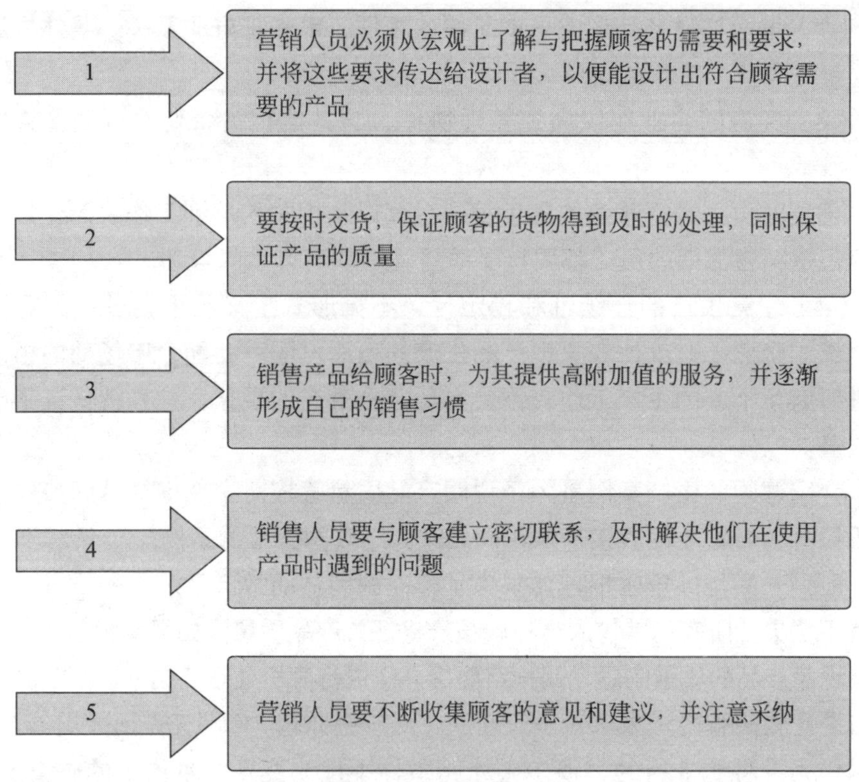

图4-6　销售人员进行质量营销的方法

4.5　做不到，请求得到惩罚

做不到，请求得到惩罚，是一种勇于担当的表现，更是一种人生智慧。真正内心强大的人，敢于承认自己的错误，并从中吸取教训，不断提升自己。相反，遮遮掩掩，甚至把责任推脱到其他人的身上，是一种不负责的行为。认错不但不会有失身份，反而能赢得尊重，能够得到消费者的信任，你的销售业绩也会越来越好。

当销售过程出现失误引发顾客不满时，及时弥补失误往往能转危为安，化危机为机遇。例如，某电商平台不止一次发生过标错价格，标价远低于实际价格的事件，该电商平台选择承认错误，向下单的消费者说明原因，请求原谅，有的消费者取消了订单，对于坚决不取消的订单，电商承担了损失，正常发货，此举获得了消费者的高度赞扬，在微博等平台获得了大量的正面流量，相当于免费做了一次广告。而面对同样的错误，有的电商却擅自更改订单，拒不认账，两种不同的处理手法，用户重复购买的概率谁高谁低，显而易见。

在消费者眼中，懂得认错，勇于承担的人才是值得信任的人，更能拉近与他们的心理距离。所以，在销售中，失误不可怕，可怕的是没有担当。

第5章

客户要用心养，更要“放养”

孔子说过：“近之则不逊，远之则怨。”这句话用到销售人员的工作中再合适不过了。人与人的交往距离太近或太远，都不利于交往。距离太近了，容易发现对方的不足和弱点，产生摩擦，甚至彼此厌倦；距离太远了，彼此都不能很好地了解对方，容易冷淡、疏远，甚至遗忘对方。所以建立良好的“商家与客户”的关系就必须做到亲密有间，疏而不远。

所谓“亲密有间，疏而不远”，就是讲你在与客户沟通时要用心交流，用你的诚信使对方产生信任感。当生意谈不拢时，你也不要与客户太过疏离，而是要秉承着“放养”的原则。

客户要用心养，意思是说你的经营必须是以顾客为中心的，必须是讲诚信的。顾客要“放养”，就是说在和客户沟通时，要坚持适度的原则，不要紧抓着一名顾客不放，而要给他们自由的空间。所以，圈养并不是最好的维护客户的方法。我们需要一种纽带来维护与客户的关系，产品、服务、情感等都可以。

买卖是人和人之间的交易。持久的生意需要你去维护客户，并使客户成为自己产品的宣传者，从而提高自己产品的口碑。作为销售人员，请你牢记一句话：“有钱难买顾客愿意。”所以你要坚持适度营销的原则，对客户既要学会用心养，更要学会“放养”。

5.1　发现客户中的“奶油层”

顾客中的“奶油层”，就是经常来买你的商品的顾客，或者说是你的大客户、忠实顾客。这些也就是我们所谓的关键客户和重点客户。

有人认为顾客中的“奶油层”是顾客中较为富裕的人，这个观点不无道理。你要学会辨别顾客，发现顾客中的“奶油层”，这对你的销售是大有好处的。

“顾客就是上帝”在销售界可谓是一句经典的名言，其含义是要求销售人员以顾客为中心，尽量满足顾客的需求。它的本意是好的，可是在实践中总是存在着各种问题，使我们无法始终贯彻“顾客是上帝”的初衷，所以辨别顾客的人品很重要。

作为优秀的销售人员，辨别顾客的人品是基础，最重要的还是要对客户进行精心筛选，筛选出顾客中的“奶油层”。

然而，很多销售人员却不懂这个道理，他们在发展客户的时候，总是“眉毛胡子一把抓”“芝麻西瓜一齐捡”，最后，由于客户分类杂乱无章，出现了一些比较大的问题。例如，销售人员没有精力管理那些小而杂的“鸡肋客户”，可实际上，对于这些“鸡肋客户”，如果能够比较得当地分类处理，销售人员也是可以通过量的积累达到质的突破，谈成很不错的生意。

那么如何才能够发现并吸引“奶油层”客户呢？如图5–1所示。

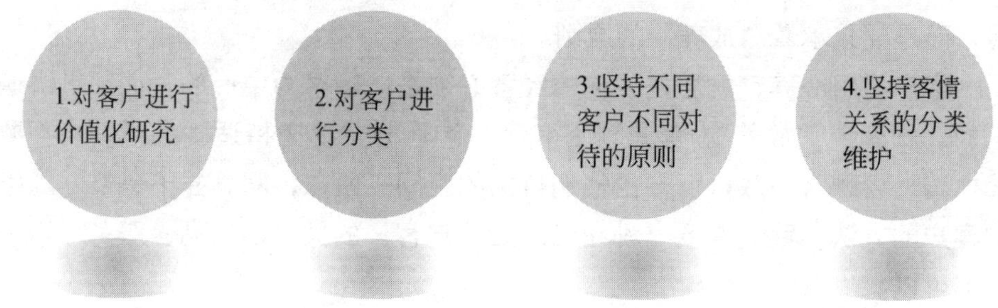

图5-1 发现并吸引“奶油层”客户的四部曲

（1）必须对客户进行价值化研究。营销界有一个有名的“二八法则”，即80%的利润往往是20%的客户提供的。根据这一法则，销售人员就有必要对客户进行分类，筛选出那些能够为我们带来高价值的顾客。

（2）必须学会对客户进行分类。一般情况下，销售人员会将顾客分为关键客户、重点客户、一般客户和维持客户。如图5–2所示。

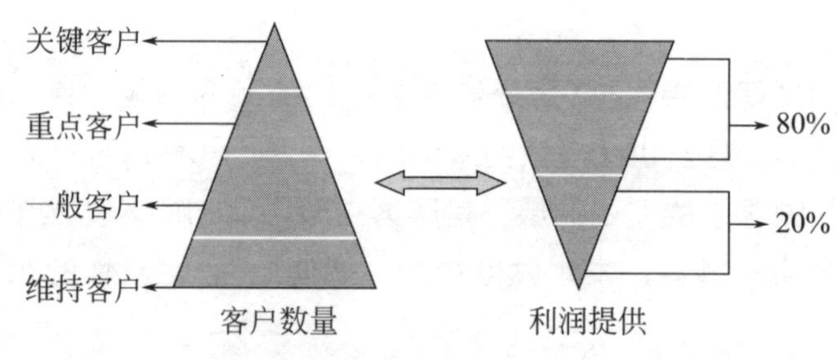

图5-2 客户的分类

通过相关专家的研究，在数量上，关键客户与重点客户的比例往往只占20%，但在利润上却贡献了80%。

学会对客户进行分类不仅仅是为了利润，也是为了更好地满足顾客多样化的需求。

从客户的角度来说，客户对分类管理也存在着潜在要求。在互联网时代，客户的需求日益呈现出多样化、差异化和个性化的特点。客户也希望自己的个性化需求能够得到满足，而不仅是希望能够满足自己基本的需求，并认为这是销售人员对自己的一种尊重。

此外，不同客户对增值服务的需求也不同，对于与销售人员建立了深层次合作关系的客户，你还是要多给予一些高层次的增值服务。如果你能满足客户个性化需求和增值服务需求，那么你将会获得客户的青睐，可以培养顾客的忠诚度，这对你的长远发展是百利而无一害的。

同时，你要在客户分类的基础上，优化客户结构，包括客户在市场区域、行业领域、经济实力等方面的构成比例。在结构优化的基础上再制定差异化的客户管理策略，既注重对客户的保护与激励，又注重客户的个性化需求，在实施过程中，要坚持客户优胜劣汰的原则，具体做法是“抓大放小”。

（3）坚持不同客户不同对待的原则。营销战的本质是争夺客户，尤其是优质客户的争夺。评价一个客户是否为优质客户，不应仅看眼前的客户规模、交易量、交易额等指标，更关键的是要考察该客户的成长潜力，即要看客户的终身价值。

有很多销售人员不太会划分客户，只是简单地把客户划分为大客户与一般客户，视大客户为衣食父母。其实大客户也未必是优质客户，他们也许只是规模大，需求的产品数量比较多而已，但是对产品的核心技术或质量并没有太高的要求。因此，销售人员在进行客户管理时必须甄选出能为自己带来长久利润的真实客户。

“不同客户要不同对待”这句话告诉我们，不但要区分商业客户与个人客户，还要针对不同的客户级别采取不同的服务策略。这不仅是销售人员追求要效益的需要，更是客户的需要。销售人员必须从这个角度来考虑，如果销售人员采取“一刀切”的服务策略，一些高价值客户可能会感觉自己不被重视，并且也没得到相应回报，这些客户就容易失去与你合作的积极性。另外，把用于高价值客户身上的资源同样用于中低价值客户身上，也容易造成企业资源的浪费，无法把自己有限的资源用在“刀刃”上。

如果从客户的角度来说，客户需求越来越个性化，也不喜欢接受销售人员提供的“大众化”服务。这种高端客户一般都喜欢通过差异来“显示”他们的地位、喜好、品位与价值观。因此，销售人员在客户服务策略上必须“量体裁衣”，使你的服务策略能够对低价值客户形成激励，促使他们向高价值客户转变。

（2）坚持客情关系的分类维护。所谓客情关系的分类维护，就是销售人员要对不同类型客户采用不同的情感维护方式。具体来说，对快速增长型客户，采取“将销售人员增多，保证全面周到的销售和服务”的对策；针对睡眠型客户，即曾经是公司的客户，但是现在没有新的业务和增长的客户，采取“为他创造新的需求，创造新的消费”的对策；针对值得培养和重视的客户，采取“积极跟进，确保将信息和服务及时通告对方”的对策；对忠诚型客户，即对公司产品忠诚，但是销售成长不大的客户，采取“加强和保证客户售后服务满意度”的措施。

总而言之，销售人员要对客户实施动态化、差异化管理，并对客户进行筛选。这样才能甄选出“奶油层”客户。这样做不但有利于销售人员降低客户成本，提升客户利润，也有利于把优势资源集中在能给企业带来核心利益的关键客户身上。

5.2 书店“放养”，卖的是信任

对生意进行“放养”经营，销售人员是在搞噱头，还是在玩任性？其实这些都不是重点，重点在于“放养”卖的是信任，吸引的是客户的目光，是一种新颖的情怀营销战略。

“放养”不是放弃经营，只是给客户更加充分的购物空间，让他们享受自由购物的快乐。当然，“放养”是一种双向考核，一方面，考核的是销售人员的气度；另一方面，考核的是客户的文明程度，归根结底考核的是双方的互相信任程度。

倘若你是一个胸怀宽广的人，而且秉承着诚信经营的理念，同时又不患得患失，坚信社会上还是诚信的人比较多，那么你不妨一试“放养”经营策略。

所谓“第一个吃螃蟹的人是勇士”。如果你敢于尝试“放养”经营，能够拿得起放得下，那么你一定能成为一名勇士，而你的“放养”经营也会因为与众不同，吸睛无数，获得了消费者的关注，那么离销售的成功还会远吗？

接下来，我为大家介绍一则真实案例——“放养”书店的成功之道。

“放养”书店其实不是新生事物，在这之前出现的无人超市、无人水果摊等，与其异曲同工，都是顾客根据价签自行付款找零。但“放养”书店又不太相同，它更加前卫，书店不仅无人看管而且不定价格，给或不给，给多或给少，全由顾客决定。这样的经营方式依托的考察的更是客户的诚信以及社会的文明程度。

李爱群在长沙市岳麓区麓山路上，经营着一家无人看管的二手书店。书店的经营采用“放养”策略，引起了社会的广泛关注。

她的书店全天无人打理，她只负责开门关门，交易就由顾客和一只投币箱完成。没人看守，顾客自助选购书籍，“凭良心”投币……在熙熙攘攘的商业大潮中，这家书店俨然成为了一道最为独特的风景。

自开业以来，书店几乎没有发生过偷盗行为，书店整体营销也不错。李爱群在谈起经营秘诀时回忆说，“其实开放养书店也不是早有的筹划，只是疏于时间管理。”

原来，6年前李爱群的第二个宝宝降生了，所以她没有太多时间打理书店，大部分时间店铺都是“放养”状态，但那些原有的忠实顾客都会把钱放到书店特定地点，这让她萌生了将书店打造成“无人书店”的“放养”模式。然而出乎意料的是，书店开启“放养”模式后，人气更旺了，也更赚钱了。

李爱群感叹道：“无人经营让她收获了许多，特别是人与人之间应有的但逐渐消失的信任关系。我通过无人售货书店不仅认识了许多爱书之人，也感受到了人性的美好和真诚。”这些年她和顾客建立了微信群，经常进行交流，内心充满了正能量。“现在我赚的钱都走了‘信任’这一关，这种感觉真的很舒服。”

正是由于得到了社会大众的广泛认可，李爱群决定把自己的书店进一步扩张，发展成为一家大的“书吧”。她说：“这家书吧依然是个‘无人’书店，希望到这里看书的人，能拾回人与人之间的诚信，寻找到一份美好。”

其实，“放养”书店售卖的是信任，考核的是广大顾客的文明程度。“自己信任别人，别人也会信任自己。”“放养”书店是一面镜子，映照出的是社会的和谐与温暖。

5.3 将客户介绍到同行那里

在这竞争激烈的商战中，你会选择把客户拱手相让吗？让与不让，是一个令销售人员纠结的问题。所谓的“让给同行”，是在你的产品无法达到顾客满意度时，你主动将顾客介绍给你的同行。虽然商场如战场，但合作共赢才是商业发展的大势所趋。如果懂得了这个道理，你不仅能赢得同行的赞赏，还给客户留下好印象，使客户更加信任你，从而促进你们的长期合作。

大道理很多人都懂，然而在落实时总是会出现各种问题。因为只要涉及钱，哪怕是一些蝇头小利，一些商家的合作意识都会变薄弱，竞争意识变得强烈。

在这种情况下，大多数销售人员都认为，如果选择让，那么老板一定不会原谅自己。可是他们没想到，如果不让，客户对你的产品又不太满意，你的销售业绩也不会变好。

总而言之，当他们选择不让，同时他们的产品又无法让顾客满意，最终会失去顾客，而选择让，则可能有意想不到的收获。

接下来，为大家举一个例子，来说明主动介绍客户到同行那里的好处。

凤飞飞是一名销售人员，主营产品是私人订制的皮革用品以及各种化妆品。她所在的公司有着自己的研发团队，研发实力强，生产规模也挺大。

有一次，一个老客户来定一些皮革用品，需求量巨大，然而她们公司恰好没这些皮革原料，只有一些样本。凤飞飞如实说：“这样的皮革用品您还得等上一周。”老客户却急要现货。这关系到他们今年生意的好坏。

凤飞飞不假思索地回答；“如果您真的急需该产品的话，你还是去胡小轩的门店吧。她家也有同样的产品，质量应该和我们一样好，毕竟我们是竞争多年的同行，她能与我们长期竞争，必然会存在自身的长处。您去她家购买也是一个不错的选择！”

这名老顾客非常感激，说道：“这是一笔大生意，你竟然不介意介绍给自己的同行？你还真是大度！我挺佩服你的。”

凤飞飞说：“我们一向坚持满足顾客的需求。您现在对产品的需求度如此高，而我们又不能满足您的需求，只能竭尽全力想办法帮您解决难题。而同行那里的产品我又很放心，所以这是最佳的选择。”

客户听后，既夸她聪明，又夸她为人真诚善良。后来客户到胡小轩的门店订下了货物，并把这件事告诉了胡小轩，胡小轩也非常敬佩凤飞飞。

在这件事之后，他们两家更是在竞争中合作，在合作中竞争，两家的产品都销售得很不错。

其实，当自己实在无能为力的时候，选择把客户介绍给同行是一种很明智的选择。

一方面，客户会很感激你。因为你解了客户的燃眉之急，也给客户留下了很好的印象，如果日后有其他需要，客户也一定会第一时间想到你。虽然从短期效果来看，你没有拿到这个单子，是一种损失。但从长远来看，却为下一次交易埋下伏笔，你可以把这名顾客当做朋友，经常和他聊聊，保持联系，让他感觉这次交易你是以朋友的身份帮他解决麻烦的，那么，下次他需要订货肯定会找你的，这其实也是一种胜利。

另一方面，同行会对你有个好印象，同行也可能会因为这件事主动为你拉单。有时候自己做不了并不代表同行做不了，把客人介绍给同行未必是坏事，客人找你的同行的时候肯定会说是你介绍来的，你在同行那里可以留下个好印象，你的同行会关注你，说不定也会给你介绍客户。这样做其实就使你们在合作中竞争，在竞争中合作，形成双赢。

作为销售人员，你应该明白：做生意不必太精明。做生意最大的敌人不是对手，不是价格太高，不是拒绝你的客户，不是公司制度，不是产品不好，而是你自己。

只有你战胜自己，拥有一颗大度的心，在需要的时候主动把客户介绍给同行，帮助客人解决了问题，说不定哪天同行与客户就会帮助你，你就能够在生意上取得成功！

5.4 电话销售不要立即谈销售

电话销售其实是一种心理营销，如果做得好就会收获颇丰，如果做不好，就可能会被误认为是骚扰电话，甚至是诈骗行为。作为销售人员，你要懂得，电话销售不一定要立即谈销售，而是要谈心、谈天、谈生活……电话销售时直接开门见山的谈销售虽然能够提高效率，但是往往会碰壁。

电话销售的模式通常为打电话进行主动销售的模式。因此，电销人员就一定要学会一些好的策略与技巧，了解一些电商心理学是很有必要的。

电话销售要求销售员具有良好的讲话技巧、清晰的表达能力和一定的产品知识。所以，作为一名合格的电话销售人员，你必须掌握电话销售的六种武器、三种心态和五个要点。

首先，讲一下电话销售的六种武器，如图5-3所示。

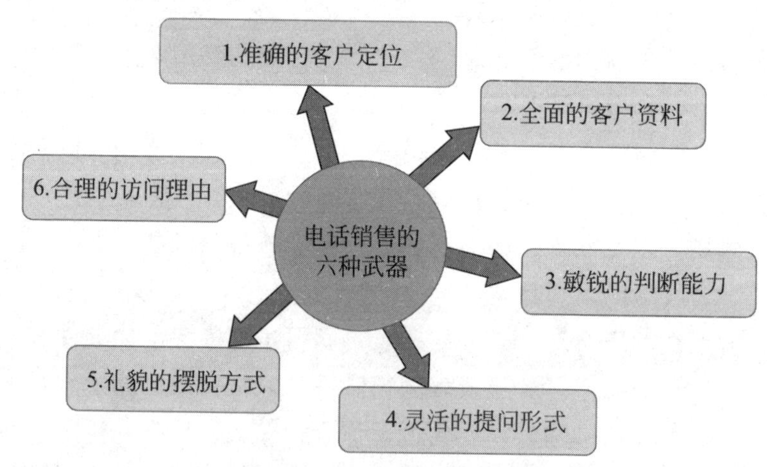

图5-3 电话销售的六种武器

这六种武器，根据字面意思都很好理解，就是要提前对客户信息进行全方位的了解，在销售过程中要注意问话的灵活机智，最后礼貌的结束。虽然这些是比较基本、比较看重细节的地方，但是好的销售人员往往能在细节处见真功夫。所以这六种武器，你要反复琢磨，反复练习。只要你能持之以恒，顺利拿下订单就不是大问题。

其次，讲一下电话销售的三种心态，如图5-4所示。

图5-4 电话销售的三种心态

（1）销售员要心存融入的心态。例如，打电话的时候要身临其境，融入与客户的对话，争取把他们当做我们的唯一销售对象。这样才会有干劲和动力。相反，如果我们不把客户当做最理想的客户，就会觉得这个客户会推辞，从而不会竭尽全力去宣传。只有拥有融入的心态，才能说服客户购买产品，才能取得销售的成功。

（2）销售人员要拥有实践的心态。电话销售业务是一门学问，其中包含着与人沟通的技巧，需要销售人员不断积累经验。做电话营销，如果我们不拿起话筒，不经历几次很受伤的拒绝，我们也不会轻易放下架子来学习和实践电话营销的技巧，也就不容易成功。

所谓“十年磨一剑”“梅花香自苦寒来”“纸上得来终觉浅，绝知此事要躬行”，这些至理名言都告诉我们如果要成功，就必须深入实践。电话销售当然也不例外。每个电话销售员都需要处理海量的客户信息。电话销售员要学会把每个电话记录下来。另外，提前准备一份能够用一个月的质量不错的电话名单，也是电话销售员必须要做的工作。所谓职业精神，就是职业者要潜心实践技能，踏实肯干。只有做到了这些，你的电话销售能力才会逐渐提高。

（3）销售人员要拥有舍得的心态。有人认为花钱去学电话营销，最终会得不偿失，其实我们不能这样想。电话销售是最锻炼人的，就算你是名牌大学毕业，如果你缺乏沟通技巧，好公司也不一定会选你。学习一下电话营销，你的沟通技巧就会大大提升。

学习电话营销，不仅仅是为了当前的工作，更是对以后长远发展的投资。因为电话营销可以学到与人相处的能力，可以学到人际关系技能，可以学到怎样做一个受欢迎的人，可以学到说话的艺术和技巧，可以学到克服障碍、赢得谈判的技巧。总之，做电话销售学到的东西，不仅会在业务上有用处，对你的人生的发展也很有益处。

最后，讲一下电话销售的五种技巧，如图5-5所示。

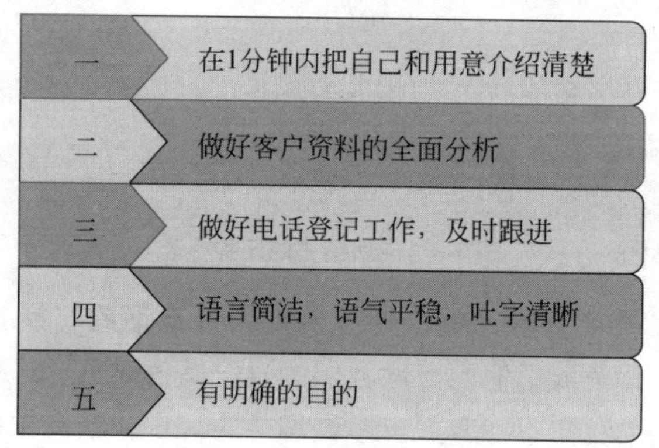

图5-5 电话销售的五种技巧

电话销售技巧1：在1分钟之内把自己和用意介绍清楚。在电话结束时，一定别忘了强调你的名字。例如：李经理，很高兴能够与你相识，也希望我们合作成功，请您记住我叫某某某，我会经常和你联系的。

电话销售技巧2：做好客户资料的全面分析。最重要的是你必须要清楚你的电话是打给谁的。作为一名电销人员，不要认为打电话是很简单的一件事，在电话营销之前，一定要把客户的资料搞清楚，更要清楚你打给的人是否有采购决定权。

电话销售技巧3：做好电话登记工作，及时跟进。电话销售人员打过电话后，一定要做登记，并加以总结，将客户分类是十分重要的。

电话销售技巧4：语言简洁，语气平稳，吐字清晰。语言在电话销售中所占的比重巨大。因此，在电话销售时，一定要使自己语气平稳，让对方听清楚你在说什么，最好要讲标准的普通话。

电话销售技巧5：有明确的目的。很多销售人员在打电话之前根本不认真思考，也不组织语言，打完电话才发现该说的话没有说，该达到的销售目的没有达到。电话销售技巧之一是利用电话营销时，一定要目的明确。

希望以上方法能够使你在电话销售中顺风顺水，也祝你的销售业绩节节攀升！

5.5 主动让客户货比三家

在客户选择时，总是很难让客户下定决心，假如客户一开始就对你很厌恶，那就意味着你很可能会失败。

在生活中，我们经常可以看到这样的场面：同行业里的业务人员用带有攻击性的话语，攻击竞争对手，把对方说得一钱不值，致使整个行业形象不佳。我们多数的推销员在攻击对手时，缺乏理性思考，不知道无论是对人、对事、对物的攻击，都会让准客户反感，因为你说的时候是站在自己角度看问题，不见得每一个人都是与你站在同一个角度，你表现得太过于主观，反而适得其反，对你的销售也只能是有害无益。

很多客户都喜欢货比三家，所以要尽量讲出自己产品的优势，而不要恶意中伤、诽谤竞争对手。既然客户喜欢货比三家，我们应该满足他们的需求，表现得大度一些，主动让客户货比三家。

主动让客户货比三家是一种攻心战略，是一种欲擒故纵的销售方式，更是一种换位思考的方式。试想，我们自己买东西不也喜欢货比三家，选择实惠的吗？如果你主动提出让客户货比三家，顾客就会感受到你是站在他的立场，帮助他解决难题从而对你产生好感，最终心服口服地接受你。

另外，主动帮助客户“货比三家”，也是知己知彼、熟知市场状况的一种好方法。也许刚开始这种方法让你难以接受，但如果你运用得好的话，这种方法简直可称之为销售的必杀技。

那么主动让客户货比三家，我们的产品又需要哪些资本呢？

其实，你需要考虑一下三个问题，如图5–6所示。

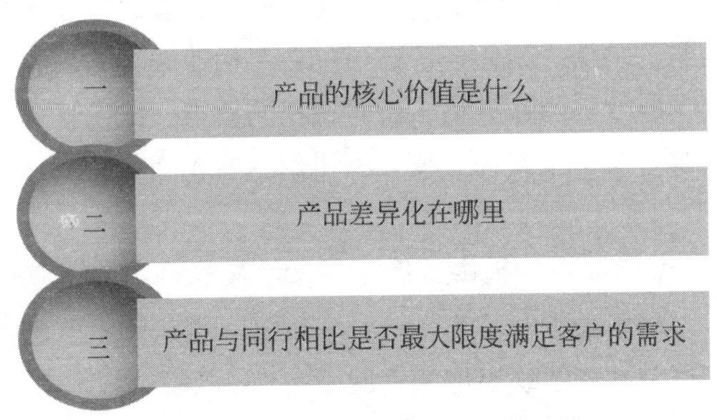

图5-6　销售人员考虑产品资本的问题

（1）你的核心价值在你的品牌与质量。你要把产品的品牌做起来，树立良好的品牌形象，提高品牌知名度和美誉度，让客户放心、安心、忠心于你的产品。如果你想客户货比三家后还找你的话，最重要的就是质量过硬，价格与品质能成正比。

我们常说一分价钱一分货。在与竞争对手同质量的情况下，你要把自己产品的品牌优势讲明，这样顾客才会觉得钱花得更值。满足了顾客的消费心理，你的销售业绩自然会越来越好！

总之，作为销售人员，你一定要给顾客提供有含金量的东西，一定要学会创造价值，为顾客创造他需要的价值。

（2）你的产品的差异化，体现在你的优良服务上。作为销售人员，你的服务也是很重要的，不仅包括销售时的服务，还包括各种售后服务。你要知道，顾客买的不仅是产品本身，更是产品相应的配套服务。

虽然我们不可能让所有的客户都在我们这里买东西，但一定要保证心态好、服务好。对每一位客户都热心对待，就算只是来问相关问题的，我们也要一样对待。总之要做到服务第一。

因此，销售人员要深刻认识到，能使自身产品在众多同类品中脱颖而出的是自己赋予产品的服务价值，正是服务的差异化带来了产品的差异化，所以，在营销时，你要保证耐心和热情，提供让顾客满意的服务。此外，还要注重产品和服务的每一个细节，通过细节来感染顾客，获得顾客的青睐。

（3）如果要使你的产品最大限度地满足消费者的心理需求，你就要学会一些销售语言技巧，通过你的销售语言来满足顾客的心理需求。销售语言技巧能够让销售人员更快地与顾客进行有效沟通，理解顾客内心的消费想法，从而有针对性地进行销售战略，因此，关于销售语言技巧的学习和积聚是销售人员日常的功课。销售语言技巧主要包括使顾客高兴的技巧、幽默诙谐的技巧、纯洁有效的沟通技巧、比照烘托的技巧、以正驱邪的技巧以及化解矛盾的技巧等。接下来就为大家一一讲解这些销售的语言技巧，如图5-7所示。

技巧1：使顾客高兴。销售人员在工作中要面带笑容，要想方设法多给顾客一些快乐，一些赞誉。其实带给顾客快乐，也是带给自己快乐。从微小的动作到姿势语言都能体现出你的真诚服务，一定要以“顾客开心购物”为你的营销准则。

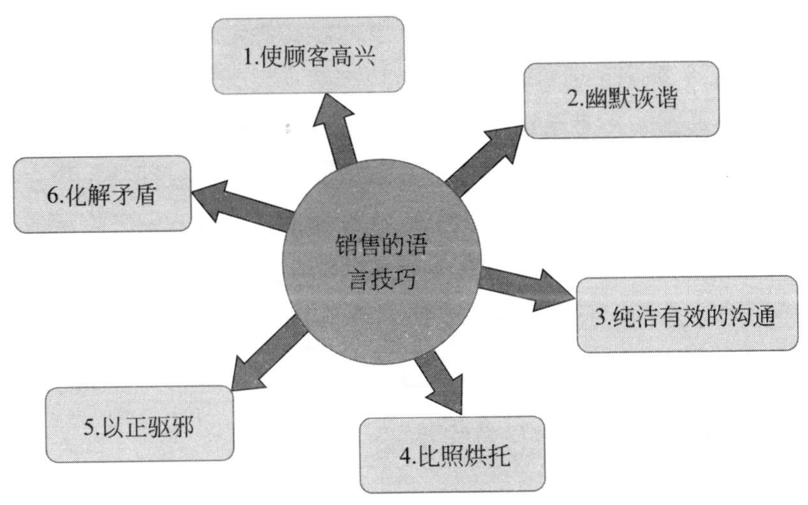

图5-7 销售的语言技巧

技巧2：幽默诙谐。诙谐最直接的功用就是引人发笑。诙谐的语言是艺术的语言，是聪慧的表现。诙谐可以有解除窘境、引人思考和调动心情等多种功用。所以你要适当地学习一些比较幽默的段子，但一定要注意，不可以涉及低级趣味，否则会引起顾客的反感。

技巧3：纯洁有效的沟通。销售人员与顾客沟通的语言不只是质朴的、精确的，还必须是纯洁的。纯洁的敬客语言一般来说是没有口头语，少用隐语和雅语等。销售人员要经常学习，拥有广博的学问，丰富的词汇量，不用粗鄙、夸大可笑的词语。假如你无视了纯洁的技巧，满嘴都是口头语或者粗鄙低级以及随意夸大的话语，即使有再好听的音调，也难收到好的效果。

技巧4：比照烘托。在商业洽谈中，当销售人员遇到不方便作答的问题时，要学会用其他言辞作烘托，以避免尴尬和冷场。销售人员在运用烘托词语时要谨慎选择，要运用一些高雅有趣味的词语，杜绝低端无趣的语言。

技巧5：以正驱邪。销售人员每天接待的顾客大多数是友好和蔼的，但也有极个别的素质不高、不怀好意。销售人员面对低级庸俗的顾客可以运用语言技巧，既不失礼貌又坚持原则，不骄不躁，有礼有节，维护自身的尊严。

技巧6：化解矛盾。好的语言就像润滑剂，调节着销售人员与顾客之间的关系，减少摩擦。销售人员不能苛求每一位顾客都具有较高的涵养和高尚的品格，都和蔼可亲。销售人员要有不计较顾客态度的心态，面对不同顾客运用不同的方法，时时刻刻表现出礼貌的态度，表现出冷静忍让，再配合得体的语言，使顾客的不满情绪得到缓解，使矛盾顺利化解。

总之，为了突出自己产品的优势，销售人员在销售过程中，语言与动作要相互配合，使顾客对产品的质量和价值都满意，给顾客留下好印象，这样才能更好地完成销售，吸引回头客，争取新顾客。如果你坚持这样做，即使你主动提出货比三家，顾客还是会优先选择你的产品。

5.6 做客户的忠实顾问

做顾客的忠实顾问，就是要使自己成为顾客业务上的合作伙伴以及生活上的策略大师，具体来说，就是要学会察言观色，学会帮助顾客解决生活中碰到的不如意。

从心理学角度来看，人类的本性是追求快乐、逃避痛苦，同时人类追求快乐的欲望会大于逃避痛苦的欲望。快乐是人们的普遍追求，如果你能为别人制造快乐，带来快乐，你就做了一件好事。你决定快乐，你就会变得快乐，所以为顾客创造快乐，在快乐中为顾客服务是非常重要的。

我们可以换位思考一下。如果你是顾客，难道你不喜欢同那些积极乐观的销售人员打交道吗？你快乐也好，不快乐也好，你的这些情绪都会在沟通时转移到顾客身上。如果你是不快乐的，那么顾客自然也不会与你笑脸相对，最终你的营销都会在消费者那里遭遇“闭门羹”。

作为销售人员，你还要明白，为顾客服务是一种快乐的传递、信心的传递以及爱心的传递。试想顾客面对的是一张“苦瓜脸”，顾客心情会好吗？顾客的心情不好，会对你的服务满意吗？一定不会。

因此，作为销售人员，当顾客遇到一些麻烦，需要有人帮忙时，你需要义无反顾地去帮助，虽然顾客面临的一些问题与你无关，但你也应及时地伸出援手。所谓“给永远比拿快乐”，当你在为顾客谋福利的时候，你也是在为自己的事业投资。

做客户的生活顾问，就是要在与客户的交流中，挖掘他们的快乐，消除他们的烦恼，使他们能够愉悦地生活，愉悦地购物。那么，如何做到在为顾客服务时保持快乐并且带给顾客快乐呢？如图5-8所示。

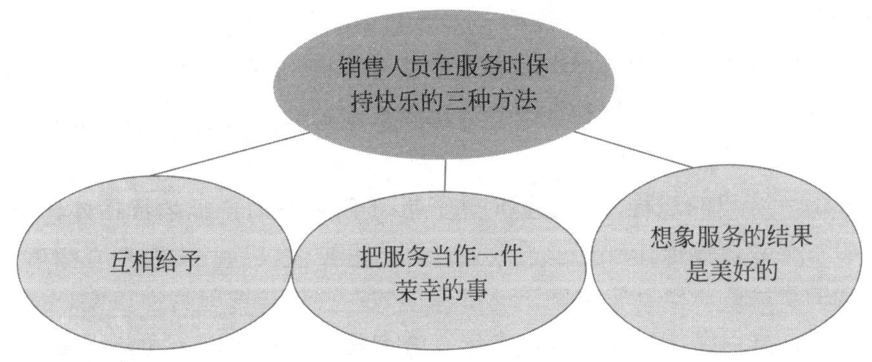

图5-8 销售人员在服务时保持快乐的三种方法

（1）快乐的秘密在于给予。你要明白为顾客服务不仅可以帮助别人，还可以丰富自己的人生。

（2）把能为顾客服务当作一件荣幸的事，这是作为销售人员的一种信念。

（3）想象服务的结果是美好的。

谈及业务，你必须要对客户类型有一个明确且实在的定位。通常来讲，我们将顾客类型划分为两种，分别是利润导向型和销量导向型。

当你根据目标市场的情况，对自身产品做分析之后，就要选择客户群是以利润型客户为主线还是销量型客户为主线，同时你还要根据市场状况以及客户的特殊需求，结合自身产品，做出相对应的市场发展规划。

当你成功地销售给客户产品后，你需要采取一套行之有效的营销策略，向客户提供你产品的详细信息，或将你的店面的最新消息推送给他们，这会帮助你成功将自己和产品同时推销给客户，并建立一个良性的、长久的合作关系。

当然，你的头脑里也必须有一个产品操作的框架，可以针对目标客户做分析，通过换位思考，同样对客户做一个分析，规划一个操作框架。再回过头来做一次整合，将两次的销售操作计划对接。这样的话，消费者就会更加懂你，懂你的产品，他们在使用产品时也会更加的方便快捷。只要用户使用方便，用户的困扰就会少，用户的困扰少了，快乐自然而然也就多了。日积月累，他们就会把你当做行业专家，从而对你产生信任感。

作为一名销售人员，若想要成为顾客的忠实顾问，你要精通产品的质量、性能、价格、包装等情况，你还要精通消费者的心理以及解答消费者疑问的方法。

要做到这些，你需要反复的练习。对于你销售的产品，你需要先找一个不能说服自己购买的理由，进而一步步推翻自己的想法。在经历这个过程后，再针对整个行业和目标地域做一次整合分析，规划出产品应该使用的销售操作计划，这样就能顺利地找到自己应该走的一条快速通道，同时也避开了不利因素。

在引导客户的过程中，要适时进一步了解客户对产品的操作使用情况，做到心中有数，在操作规划取得成效，赢得客户信任后，向客户介绍更为方便快捷的产品或一些其它方案。这样你便能在日积月累中与客户建立长期的合作关系，赢得顾客的信任。接下来，合理运营产品，你与客户将会有一个更加愉快的合作。

综上所述，作为一名优秀的销售人员，你要尝试做一位成功的顾客顾问，就是要真诚地关心客户，主动为他们排忧解难。如果你坚持这样做，我相信他们也一定会投桃报李，为你带来事业上的成功。

第6章

瞬间获悉陌生人信任

获得别人的信任或者轻易给予别人信任，并不是件容易的事。如果你能坚持诚信待人、诚信做事，最终必然能够获得别人的信任。对于一个销售人员来说，更是如此。

作为一名销售人员，如何能够获得陌生人的信任呢？这是一个值得思索的问题。本章试着从四个心理学的角度，做一些探索性的分析。分析的方法分别为：杯子技巧、巧妙法则、双重束缚以及故意犯错。希望这些方法能对你的销售工作有比较好的启发作用！

6.1 杯子技巧

你有没有这样的经历：当和对方的交情还处于朦胧不清的阶段时，正确掌握和对方的距离是很困难的事。最可怕的是，你觉得两人的关系已经很不错了，应该可以进入下一阶段了，但是对方却完全不这么认为。如果你贸然拉近与对方的距离，对方可能会觉得你不尊重人或者是故意侵犯，反而使你们的关系恶化。

人与人之间的关系就是如此微妙。交往与不交往，成不成为好朋友，做不做成好兄弟，成不成为良好的生意伙伴，往往是一念之间。用心理学的术语来讲，就是你们两人的心理距离仍然还存在微妙的落差。

那么在这种进退两难的状况下，我们又该如何是好呢？此时，你可以使用“杯子技巧”，来探知对方的想法。杯子技巧源于一位心理学家做的实验，如图6-1所示。

实验过程是这样的：如果现在你与一个人的关系很微妙，那么你就需要找个时间，在合适的场所与对方一起喝杯饮料，进行适宜的交谈。在交谈一会儿之后，你可以试着假装不经意地把自己的杯子移近对方的杯子。

如果对方没有移动杯子的话，就可以说你们两者的距离感缩短了。

如果对方又把杯子移开的话，就表示你们的距离感仍然比较远，你就需要再通过其它途径，建立起彼此的信任，拉近彼此的心理距离。

透过杯子间的距离，就可测知两人的距离。销售人员也可以很轻松的利用这一原则，判断自己与客户的心理距离

图6-1 杯子技巧

接下来，我就用一个具体的案例来说明。

蒋天明是一个制衣厂的老板。他性格开朗，做事果敢，总是以交朋友的心去结交顾客。那些与他有过交往的顾客都会被他的热情所感染，而且他总是会在打折的基础上，再给老顾客一些亲情价。如此良性循环，蒋天明的服装生意越来越火。蒋天明在原有业务的基础上，又开设了私人订制这项业务，也取得了不错的业绩。

李少宇是一名白领，平时对西装的要求很高。但价位合适的西服，设计上不能满足他的要求。听了朋友的建议，他来到蒋天明的店里。经过初步的交流，他对蒋天明的为人和店里的衣服印象都不错，但没有决定要买，因为觉得私人订制虽然个性，但价格偏贵一些。初次见面，他也没有想过多地交流，于是就找个理由离开了。

蒋天明通过与李少宇的交流，觉得他是一个不错的客户，把他培养成忠实的客户还是有希望的。于是，蒋天明又通过他们的共同朋友，再一次找到了李少宇，并邀请李少宇喝杯咖啡。

在喝咖啡聊天的时候，蒋天明就很巧妙地使用了杯子技巧。在这一过程中，他发现李少宇对他并没有太大的反感。

于是，他就以朋友的口吻，继续与李少宇沟通交流，最终以优惠的价格把西装卖给了李少宇。在这一次的交易后，他们就成为了朋友。

其实，从熟悉到朋友是一个巨大的飞跃，也是客户对你信任的进一步提升。善于运用杯子技巧来判断你与客户的亲疏关系，会对你业务的发展大有裨益。

6.2　两个巧妙法则

心理学上的巧妙法则有很多种。本节将为大家详细解读两种现实有效的巧妙法则，分别是“巧妙利用潜意识法则”和“90/10 法则”。

法则一：巧妙利用潜意识法则

有这么一项实验：是关于“A箱和B箱”的实验。

这是一名心理学家在电视上做的表演，目的是让大家理解潜意识在沟通上的重要性。

“请你想象一下，这里有两个箱子，A箱和B箱。”心理学家用手势指示了两个想象的箱子的位置。“请你凭直觉立刻想象其中一个箱子。”

被要求的人会立刻回答说：“嗯，A箱。”

“为什么你认为是A箱？”

“没什么，就是觉得……”

电视上的那位心理学家此时面带微笑，非常理解地点头，讲道，“你以为是你自己选择了A箱，其实不是，是我叫你选择A箱的。”

“你叫我选的？这话怎么说？”

心理学家解释道：“其实我可以轻易让你们选择我所指定的箱子，秘密就在于我用手势指示箱子位置的时候。我先用左手指示这里有A箱，再用右手指示那里是B箱。然后放下双手。接着我会继续询问，如果要立刻选择的话，你会选择哪一个？而在说到‘立刻’时，我会迅速举起左手指示A箱的位置，因此‘A箱’的印象就会跳进你们的潜意识里，当你们用直觉选择时，‘A箱’就会优先成为备选项。当然，你们在意识上完全不会察觉，只会以为这是自己无意中的选择。”

A箱和B箱的策略是利用先入为主的手势来暗示对方，从而使对方不由自主地按照你的暗示进行选择，并且还会以为是他自己的选择。

这名心理学家是利用了一项实用的巧妙法则——利用人们的潜意识做诱导，以达到自己所想要的结果。其实销售人员巧妙利用潜意识，与客户沟通会很轻松，可以巧妙拿下订单！

作为一名优秀的销售人员，你在销售过程中需要巧妙地利用顾客的潜意识，在一点一滴中对其进行引导，使其在不知不觉中向你所希望的方向进行选择！

接下来为大家介绍一则实用的案例。

一位销售人员把两份付款方式的清单摆在客户面前说明：一份是一次付清的付款方式清单，一份是分期付款方式的清单，询问顾客选择哪一种，在说到“哪一种”时，一边看着客户的眼睛，一边用手轻触“一次性付清的单子”。

当然，如果客户早已经决定要分期付款，那就另当别论。

如果客户犹豫不决，处在不知选哪一种才好的阶段，他就会不由自主地选择一次性付清的方式，而且不会怀疑这种选择，即使他明白一次付清对销售人员是比较有利的。

这就是利用人们潜意识的成果！如何？是否觉得有点可怕？我们都是这样，可能在不知不觉中受到他人的操纵。如果你能利用人们的这一潜意识，在实践中合理巧妙地使用，往往会有不一样的收获。

法则二：90/10法则

所谓90/10法则，就是说生活里有10%的事情已经注定了结局，而剩下的90%的事情的发展取决于我们的行为。

这有什么深意呢？作为普通人，我们确实无法控制那10%发生在我们身上的事情，就像我们无法阻止天会下雨，水在零度会结冰一样，但另外90%就不同了。

我们可以决定这90%。该如何做呢？就是要善于利用我们对事物的反应能力。再说得通俗些，就是别让其他人影响你，别让一些不好的事情影响你的行为。

只要我们能采取一种乐观积极的态度，即使是在不好的情况下，我们也能化险为夷，转危为安。

作为一名合格的销售人员，你更应该懂得这一心理法则，不要因为客户对你存在偏见，就恼怒、不平，从而消极应对客户。聪明的你应该换一种思考方式，乐观地面对客户的批评与指责，把事情做到最好，只有这样，你才能化厄运为好运，获得销售业绩的好转。

接下来，为大家讲一个生活中的例子，来证明90/10法则的重要性。

案例

杰克与家人正在吃饭，他的女儿不小心打翻一杯咖啡，弄脏了他的衬衫。

他不能阻止这件事情的发生，但接下来会发生什么事情，就完全由他的反应决定了。

他开始骂人，他责骂女儿，责骂她的不小心，责骂她的种种不是，他的女儿难过得哭了。在骂完女儿后，他又转过身开始骂他的妻子，责怪她把咖啡杯放得离桌子边缘太近，和妻子吵完后，他愤怒的离开去换衬衫。

当杰克回来的时候，发现女儿因为哭得太难过而来不及吃完早餐，她错过了公车。他的妻子也必须马上去工作。这时他冲向汽车，开车载女儿去学校。因为他上班也快要迟到了，只好超速驾驶。

他终于将女儿送到学校，女儿一下车就跑向教室，也不跟他说任何亲近的话。迟到半小时后，他到了办公室，却发现自己竟然忘了带公事包。

他的这一天才刚开始就糟透了，并且似乎愈来愈糟，他开始期待回家。当他回到家，却发现自己与女儿和妻子的关系有了裂痕。

他确实无法控制那杯咖啡倒在他的身上，但他对这件事情如何反应却影响了接下来发生的事情。

另一种可能的情况是这样的：咖啡倒在他的身上，他的女儿见状马上哭了。

但他却温柔地说："亲爱的，没关系，下次小心一点就好。"

然后，他拿着毛巾上楼快速换好衣服，并拿着皮包准时下楼。

看到孩子搭上了公车，并向他挥手说再见。

最终，他提早五分钟到公司，并且开心地与同事打招呼。

细心的你发现这其中的差别了吗？

两种完全不同的状况，却有相同的开始。

为什么呢？这其中的差别就在于你如何反应。

你无法控制发生在你身上的事情，但你可以控制自己的反应。作为一名优秀的销售人员，更应该如此。要控制自己的反应，使最终结果朝着更有利于你的方向发展。

那么我们应该如何践行90/10的法则呢?

如果有人给你负面的评语，你要让这些攻击如同镜面上滑过的水一样，任其流走，不受丝毫影响。恰当的反应不会破坏你的一天，但错误的反应却会使你失去朋友、被炒鱿鱼……认真去实践它，学会控制你的反应、你的情绪，你将惊讶于它所带来的神奇结果。

综上，所谓的巧妙法则，其实也就是心理战术。无论是利用消费者的潜意识，还是适当地调节控制自我的情绪，都是在根据对方的心理进行揣测，促使最终的结果达到双赢。作为一名合格的销售人员，你要善于运用以上心理技巧，并在实践中不断锻炼、提升自己。

6.3 双重束缚

在心理学上，双重束缚是指一个人同时用两种思维向另一个人发出互相矛盾的信息，使对方必须做出反应，但不论对方如何反应，都会受到拒绝或否认。双重束缚容易使对方陷入两难的境地。

举一个生活案例，当父母对孩子表达关心或其他情绪时，同时用了两种不同的情绪，那么孩子就会很难辨别出父母对他的态度，从而陷入一种矛盾的情绪当中。

当一个人受困于双重束缚时，他可能会变得困惑，可能会怀疑人生，或者会采取防御措施，以消极的态度面对所有的关系，他也会陷入一定的迷乱之中，这样做的结果无疑是有害的。但是，作为一名销售人员，你若懂得双重束缚，倒是一件好事。

从销售角度来讲，双重束缚是一种不让对方说“不”的谈话技巧。

具体方法是，先用选择疑问句提问，我们做甲事情还是做乙事情? 运用这种方式，对方就没有机会对你的话做出否定的选择。

双重束缚的核心在于：不给对方回答“不”的机会，相反，给他们一种选择，让他们按照我们的思路来办事。

接下来，我用一个生活小案例来进行说明。

李仁美在家政行业打拼了数十年，是一位很有经验的家政从业人员，为人善良，做事勤快，深受业主的喜爱。同时她又特别善于与人打交道。经过数十年的摸爬滚打，她已经成为一家家政服务公司的总经理了。

她善于与客户打交道是出了名的。有一天，她在网上得到了一名顾客的信息，能看出来这位顾客十分着急需要一名家政服务人员。

她安排新人小慧去谈客户。一方面锻炼了她的能力，另一方面也是在为公司培养人才，可谓一举两得。

可是事与愿违，小慧经验少，在交谈时碰了壁，根本就没有获得与客户深入沟通的机会。

当李仁美问及小慧面谈的经过时，小慧只好如实道出：

小慧："可以和您谈谈家政人员服务的事情吗？"

客户："不，今天我很忙。"

小慧："一起喝杯茶如何？"

客户："我真的没空。"

小慧："什么时候有空？"

客户："不知道。"

李仁美听后连连摇头："像这种邀约的方式，会让对方的脑中有出现'不'的机会，也就是让对方的思维进入了如何拒绝的模式。因此，封锁最初'不'的反应非常重要。那么怎样才能封锁客户'不'的观念呢？其实很简单，就是让客户没有机会说'不'就行了。我们常用的就是'双重束缚'话术表达法。现在我就把技巧交给你，你再和客户谈谈，看看效果如何。"

接着李仁美就把"双重束缚"的话术表达技巧传授给了小慧。

过了几天，小慧又约到了这位客户。

可是，刚刚聊了几句，该客户就表现出很不耐烦的样子。

小慧随机应变，说道："看来这里不太适合交谈，那我们去饭馆好呢还是去咖啡厅好呢？"

客户："可是我没空。"

小慧："还是咖啡厅好吧，那里的环境幽雅，适合谈事情。"

客户想了想，说："嗯，喝杯咖啡倒也还是可以。"

接着他们在咖啡厅有了一次比较愉快的交流，小慧也成功地完成了任务。

显而易见，"可以跟你谈谈吗？"这句话，客户可以回答"不"。但是对"我们去吃饭还是去喝茶？"这句话，回答"不"，无论是在情理上还是在语言上都不太合逻辑。当客户面对销售人员给出的选择时，往往会下意识地选一个，因此客户的头脑里不会闪现"不"的念头，态度就会稍微松懈下来，容易有"喔，只喝杯茶还可以，大概二十分钟就可以回来了"的想法。

综上所述，双重束缚是一种不给客户拒绝机会的会话策略。作为一名销售人员，你问的问题不能让客户有回答不的机会。换句话来讲，你要给客户一个多项选择，或者至少是一个双向选择，这样客户的头脑中就不会闪现不的机会，客户的思维也不会进入拒绝的模式。

双重束缚技巧的重点在于：不要恳求对方，因为只要带有恳求的语气，就可能立刻引起拒绝的反应。所以，你要为顾客设下一个双向选择，并使客户的选择向你所倾向的方向进行靠近。这样一步一步地，循循善诱，因势利导，最终使客户会选择我们的产品。

6.4 故意犯错

在我们普通人的印象里，只要你够优秀，你就能聚集更多人的目光。所以，很多人在与人打交道的时候会尽量扬长避短，竭力向他人展示自我最完美的一面，以为这样更容易营造完美的交际关系。

事实真的是这样吗？其实不然。

在心理学上，有一个有名的犯错误效应——出丑效应，又叫仰巴脚效应。主要是指平庸的人固然不会受人倾慕，而十全十美的人，也未必讨人喜欢，最讨人喜欢的是精明但又带有小缺点的人。

生活中有不少完美精明的人，但是这种人未必讨人喜欢，因为平凡的人与过于完美的人交往时，难免会觉得自己不如对方而产生一些自卑感。最受人欢迎的反而是那些精明却有着一些小缺点的人。那些貌似完美无缺的人如果在不经意中犯个小错误，反而会给自己加分，会让人觉得他和大家一样有缺点，让人更加喜爱他。

接下来，给大家分享一个心理实验。

社会心理学家阿伦森做过这样一个实验。

阿伦森让所有的实验参与者同时听一段录音，录音的内容是四位竞演人员的演讲。在这四位选手中，有两位是才能平庸的选手，另外两位则才华出众。

根据阿伦森事先安排，才能平庸和才华出众的两组选手中各有一位不小心打翻了桌上的咖啡。

在听完这段录音后，阿伦森要求所有参加实验的人员选出自己最喜欢的一个人。

经统计，他发现：排在第一位的并不是能力出众且未犯错误的人，而是那位能力出众同时犯了错误的人。

这是一种很有意思的现象。于是，阿伦森将这种有才之人犯小错误反而增加人际吸引力的现象命名为“犯错误效应”，也就是“出丑效应”。

那么，为什么完美的人带点小瑕疵会比十全十美的人更受欢迎呢?

从人的潜意识来看，人们总是倾向于保护自我的价值，使自己能够得到尊重和保护，不受贬低和伤害。当我们与一个十全十美的人相遇时，我们会感到与对方差距太大。这种差距会转化成一种心理压力，促使我们对十全十美的人敬而远之。虽然他很完美，但在我们普通人心中，他并不是最受欢迎的。

根据这一心理效应，我们可以在对话时适当的犯一些小错误，让对方来更正，使对方放松下来，借此套出对方的信息或真正的心意。

当你与客户交往时，要善于运用犯“小错误”的心理技巧，这样就能够通过这些“小错误”赢得顾客的心，从而促进产品的销售。

接下来，为大家介绍六种正确犯“小错误”的方法，如图6–2所示。

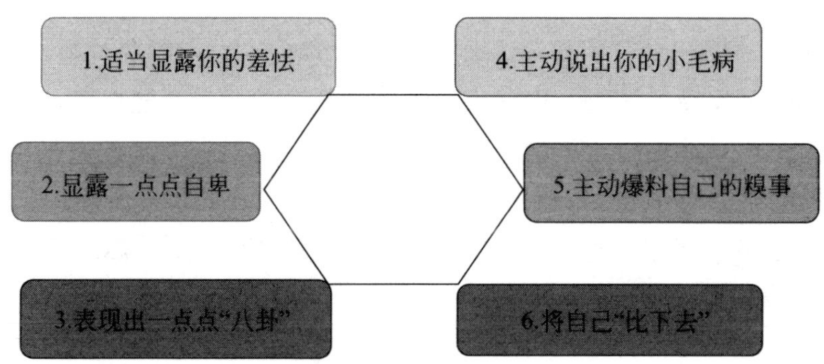

图6-2　六种正确犯“小错误”的方法

（1）要学会适当显露你的羞怯。首先，你需要辩证看待羞怯心理。

羞怯心理固然有它的不足，例如，具有羞怯心理的人，往往在交际场所羞于启齿或害怕见人，由于过分地焦虑或不必要的担心，他容易在言语上支支吾吾，行动上手足无措。这种情况显然不利于正常的人际交往。

然而适当地表现一下羞怯，对销售人员来说却是一个加分项。初次见面时，表现出一定的羞怯感，效果反而会更好。另外，在不太熟悉的人面前表现出适当的羞怯，不失为一种示弱的好方式。

作为一名销售人员，如果你能在客户面前，适当地表现出一些羞怯感，会让人家觉得你没那么世故，会增添对你的好感。

（2）要学会显露一点点的自卑。自卑是比较容易“制造”的假象。

它给予对方的浅层感受正如维纳斯的断臂，如果你十分完美，适度展现自卑，会让人觉得你也是个凡人，并不是那么的高高在上，会拉近与客户的距离，从而赢得更多人的喜爱。

从整体来讲，靠营造自卑感来“犯错误”，是赢得他人好感的一种不错的攻心战术。

（3）要适当表现出一点点的“八卦”。心理学家发现，人们需要一个不受侵犯的生活空间，同样，也需要有一个自我的心理空间，所以，八卦的人一般会引起别人的反感。然而如果你很优秀，适度地八卦一些，会显得你接地气，反而会增加别人对你的好感。

（4）主动说出你的小毛病。俗话说，道不同不相为谋。与其在生活里做个不食人间烟火的神仙，不如做个普普通通的凡人。因为每个凡人都有点

“小毛病”，只有你主动把这些小毛病说出来，大家才知道你是凡人，才愿意与你交往。

（5）主动爆料自己的糗事。你在与顾客的交往中，如果总是自吹自擂，会引起顾客的反感。这时，你就需要主动爆料你曾经的一些糗事，以此拉近你与顾客的心理距离。这样做不仅不会影响你现在的良好形象，在给大家带来笑声的同时，还会给大家留下深刻印象。

（6）学会将自己“比下去”。你在与顾客交流时，不要总是吹嘘自己的口才或其他才能。相反，你需要善于观察，秉承着“天外有天，人外有人”的观念，与客户进行对比，发现客户的优点，指出自己的不足，这样做不仅可以让你生出一些“小毛病”，还可以显示出你虚怀若谷的人格魅力，最终可以促进顾客的购买。

我们一定要记住，这些故意犯错的技巧只是为了吸引顾客的注意，拉近与顾客的心理距离。如果你不是很优秀，还屡屡犯错，那就弄巧成拙了，会在消费者那里吃闭门羹。聪明的你应该是把“故意犯错”这种行为作为一些细节一种小技巧来让自己更受欢迎。在运用这些细节后，你还要及时主动地改正，这样你在销售的道路上才能越走越远。

第7章

你的形象总在为你说话

社会心理学家发现，决定人类行为的因素之一是我们能够保持稳定、积极的自我形象。在生活中，我们也常听到这样的话：你的形象会说话，你的形象总是在为你代言。

因此，无论你的社会地位如何，无论你从事何种职业，都离不开形象的包装与塑造。

当你出现在人们的视线中，外界就已经对你的形象开始了判断，不管你觉得真实、准确与否，他人都以你呈现出的形象去猜测关于你的信息，包括你的社会地位、家庭环境、工作类型、收入状况以及审美能力等。

所谓“人靠衣裳马靠鞍”，美观的外在形象是一个很重要的加分项。如果你不注重外在形象的包装，别人很可能不会深入地去了解你的内在。所以，即使你不是很美，也要学会包装自己。

你的形象总在为你说话。作为销售人员，你的形象自然也不例外。本章就从衣着、眼神、手势、精神、香水、化妆以及语言（开场白）7个角度，来探讨如何塑造良好的外在形象，从而拉近与顾客的心理距离，促进产品的销售。

7.1　衣着：大方得体，略显几分雅气

作为一名销售人员，你的服装必须是得体的。如果你的穿着很随意，甚至很脏乱、很没品位，那么在你开口营销前，你已经被客户拒绝了。总的来说，销售人员的衣着打扮要做到“大方得体，略显几分雅气”。如果能够做到这样，你将会给顾客留下非常深刻的第一印象。

可以说，你的衣着决定了客户对你的第一印象。如果你一开始就想给客户留下好印象，你就必须注意自己的仪表。从另外一个角度讲，仪表如何也代表了你公司的形象和实力，若你给客户一种极差的印象，那么客户就会认为你们公司的形象也极差，且没有实力。倘若客户对你这个人的衣着打扮都不认可，又怎么会认可你的为人以及宣传的产品呢？更不会对你接下来说的话有任何的回应。

所以，销售人员的衣着打扮很重要。那么，销售人员的着装有哪些要求呢？具体要求如图7-1所示。

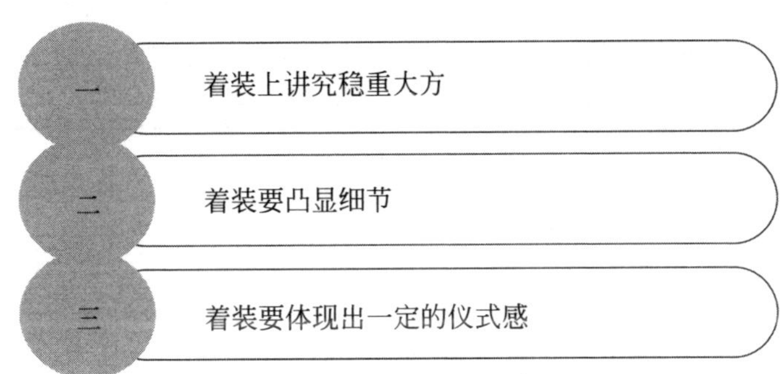

图7-1 销售人员的着装要求

（1）着装上讲究稳重大方。销售人员给客户的第一印象就是仪表装扮，在你尚未开口说话，客户对你一无所知时，客户对你的印象来自于你的仪表装扮。一个仪表不整，不修边幅的人，连自己外表都收拾不好，就不要指望别人对你有好感。

首先，衣着要适合自己。衣服要整洁、自然、大方，穿在身上自我感觉舒服。同时服装应当适合自己的年龄，如果你是一名年轻的销售人员，却穿得过于成熟就不太合适；当然如果你是一名年龄稍长的销售人员，却穿得非常稚嫩，也会很不合适。

另外，服装应适合自己的职业，应该选择修身服装或一些其他显得干练的服装。如果你穿得很随意、休闲，就去推销产品，不是不可以，只是显得有些另类，让人觉得你缺乏职业素养。

整体上来讲，销售人员的着装原则上应稳重大方。过于花哨，过于追求奇装异服，对销售人员来讲只会有害而无益。

（2）着装要凸显细节。作为一名销售人员，你一定要注意：即使细微的失误也会使你前功尽弃，服装的搭配更是如此，一点点的失误都会有损你的形象。所以，在仪容、服饰穿戴上，你要特别注意以下细节，如图7–2所示。

① 不要戴墨镜，因为戴这种眼镜，容易增加与客户的距离感。另外，从心理学角度来讲，只有让客户看见你的眼睛，才能使他相信你的言行。

② 在仪容上要做到勤剪指甲、勤修面。具体要求是：在销售工作中，销售人员的指甲不能太长，要特别注意的是指甲内不能有污垢。男士应及时整修脸面，不但每天要洗脸，胡子也务必刮干净，这样会让你看上去整洁有精神。

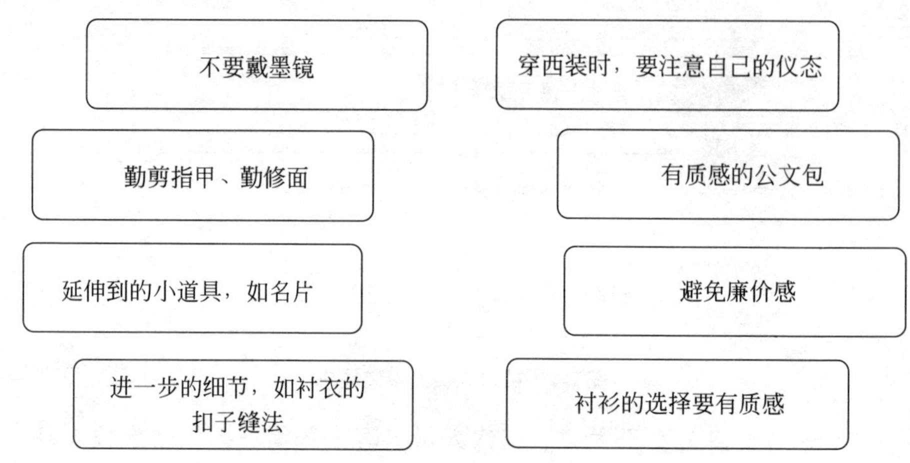

图7-2 着装需要凸显的细节

③ 销售人员的仪表还涉及一些小道具，如名片、产品样本以及通讯录等。

针对名片的递交，这里有一个反面事例。

若销售人员翻遍自己的口袋，才寻找到一张名片，而且还是皱巴巴、脏兮兮的，客户就会觉得你不尊重他。另外，从破旧的公文包里拿出一份零乱的报价单，也会给潜在的客户留下极差的第一印象。即使你此时已经争取到了客户的面谈，花费了很多心血和精力，你的这一行为都可能使你的努力付诸东流。

④ 进一步的细节，如果你要追求衣服的笔挺，就要穿工艺考究的衣服。如果客户非常重要，你在衣着方面就要考虑更多。例如，衬衣的扣子缝法，门襟和扣子的材质，以及服装的类型……总之，如果你穿着考究，注意细节，那么你的销售也必定会大有成效。

⑤ 最重要的一点细节就是你穿西装时，要注意自己的仪态。如果天气热时，你总是胡乱卷着袖子，这就会影响你的整体气质，对你的销售来讲是一个失分项。

⑥ 作为一名销售人员，你要拎一个有质感的公文包而不是电脑包。

⑦ 避免廉价感。如果你选择的是西装，一定要保证面料的优质，一定要能够明显地降低产品的廉价感，尽量不要选择化纤，或者是75%羊毛一类的西装，因为这类西装很容易显得廉价。穿西服时要注意三点原则：领带的选择要平实，皮鞋的挑选要讲究，衬衣的搭配要合适。

⑧ 如果你选择衬衫，请一定要买有质感的衬衫。比如，保险推销员的

西装和银行职工的西装，我们就很容易判断谁好谁坏。

（3）着装要体现出一定的仪式感。在销售工作中，应选择符合场合和礼节的服装。一般来讲，西装是目前世界各地最常见、最标准的销售人员用服。西装与衬衫、领带、皮鞋、袜子、裤带等是一个统一的整体，它们彼此之间的统一协调，能使穿着者显得稳重高雅，自然潇洒。对于西装的穿戴，你要做到以下这些要求，如图7–3所示。

图7-3　西装的穿戴要求

总之，销售人员着装必须符合礼仪规范，必须注重细节，以便给客户留下一个良好的第一印象。作为一名合格的销售人员，我们必须从细微处着手，建立与客户相处的自信心，主动创造良好的销售氛围。

7.2　眼神：凝视并适当地避闪

心理学家认为："与人见面时，不论是偶然相遇还是如期约会，都要眼睛有神，目视对方，面带微笑，显现喜悦和热情。如果你希望给对方留下很深的印象，就要适时地凝视对方，目光长久交流。"

除了语言和动作之外，眼神也是一种十分重要的交流方式。作为一名销售人员，你要学会用眼睛说话、交流。通过目光的交流，可以了解客户对你以及你所推销的产品或服务的感受。当你见到潜在的客户时，目光中应充满热情与诚意，传递出坚定与执着。

通常目光的交流，会给人留下深刻的印象。但是你要注意把握与客户目光接触时间的长短。若目光接触时间过短，会使潜在客户觉得你心不在焉或者局促不安；若目光接触时间太长，会使潜在客户觉得你咄咄逼人或者具有攻击性。所以，你的凝视时间要适当，同时你的目光要尽量让顾客感觉柔和、友好。那么，怎样保持恰当的眼神呢？如图7–4所示。

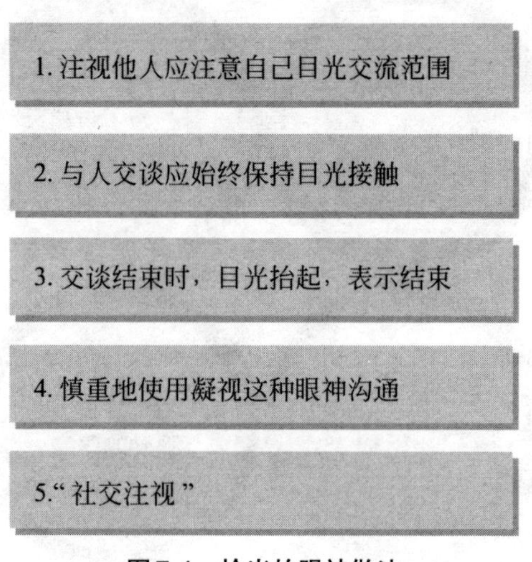

图7-4 恰当的眼神做法

（1）注视他人时，应注意自己目光交流的范围。要以对方面部为圆心，到肩部为半径，在这个范围内进行目光的交流。要看着对方说话，表示你的尊重。如果无视对方，轻则显得你心不在焉，重则让对方觉得你在藐视他。除此之外，随着话题、内容的变换，目光应做出及时恰当的反应，或喜，或惊，用目光会意，使整个交谈融洽和有趣。

（2）与人交谈时，不要不停眨眼，不要眼神飘忽不定，不能怒目相对，更不能目光呆滞，同时又最忌讳目光闪烁，盯住对方或逼视或瞟视。如果这样做，会使对方产生不信任感。另外，与人交谈应始终保持目光接触，表示对对方很尊敬，对话题感兴趣。如果你左顾右盼，会让别人觉得交谈很不顺畅，同时这也是一种不尊重交谈对象的行为。

（3）交谈结束时，目光抬起，表示结束。道别时，目光要表现出惜别。

（4）要特别慎重地使用凝视这种眼神沟通。一般来讲，对关系一般或不熟的人长时间凝视，会被视为一种无礼行为，这也是全世界范围内通用的常识。

（5）你需要了解初次与一名陌生客户谈话时的眼神礼仪。具体做法是，你的眼睛要注视对方眼睛到嘴巴的这片区域 ，这叫“社交注视”。同时，你也要把握注视的时间，在整个交谈过程中，与对方目光接触的时间应该累计达到全部交谈过程的50% ～ 70%，这样做比较自然，有礼貌。

知道了什么样的眼神是恰当的，只是眼神交流的常识和基础。作为一名合格的销售人员，你与客户进行眼神交流时，还必须要学会凝视的技巧。

一般来讲，凝视大致分为三种类别，如图7–5所示。这三种凝视方式应该分别应用到你与客户相知的不同时期。

图7-5　凝视的三种类别

在与客户初次见面时，你应采用公务凝视。你在与客户洽谈、磋商时，你的目光要给客户一种严肃、认真的感觉，注视的位置在对方双眼或双眼与额头之间的区域。

当你与客户交情加深，进一步了解后，你就要学会社交凝视。这种凝视的注视位置在对方唇心到双眼之间的三角区域。

当你与客户成为了老朋友，关系已经很好时，你就要采用亲密凝视的方式。这是一种亲近而友好的眼神交流方式，会进一步增进你与客户的感情。亲密凝视的位置应在对方双眼到胸之间。

同时，你还要特别注意你的凝视方式。无论你采用哪种凝视方式，都要注意不可将视线长时间固定在所注视的位置上，应适当地将视线从固定的位置上移开片刻。这样能使对方心理放松，感觉平等，易于交流。

总的来说，当与人说话时，目光要集中注视对方；当听人说话时，要看着对方眼睛，这是一种既讲礼貌又不易疲劳的方法。如果想要中断与对方的谈话，你可以有意识地将目光稍稍转向他处，但是不可以过于漫不经心，否则会给别人一种不被尊重的感觉。

如果表示对谈话感兴趣，就要用柔和友善的目光正视对方的眼部区域。

如果顾客因为口误失言，感到苦恼害羞时，不要立即转换视线，而是要用柔和、理解的目光继续凝视着对方，并展现宽慰的笑容，否则对方会误认为你高傲，在讽刺和嘲笑他。

最后，你还要学会用目光去回应顾客。这时你就必须学会目光确认法。

所谓目光确认法，就是当你的回答需要得到对方肯定时，可以通过目光交流，让对方给予你肯定。具体技巧如图7–6所示。

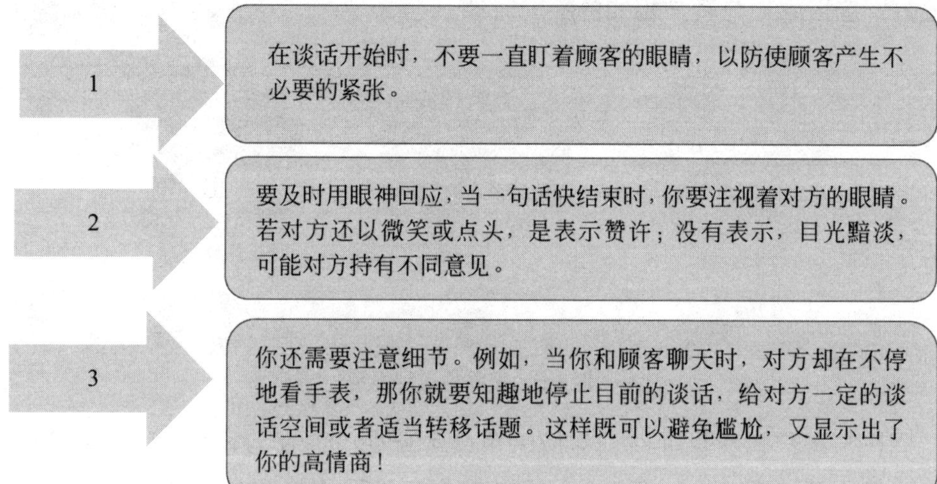

图7-6 目光交流具体技巧

人的眼神很复杂，眼神里容纳了许多智慧。作为一名销售人员，当你与顾客交流的时候，要学会理解对方的、情绪。眼神交流的艺术很复杂，并且目光表达不同的含义与人的气质、性格甚至品行有关。自己要时刻保持情感健康。记得千万不要用贪婪、板滞、阴险、狡诈的目光和人交流。

目光受情感制约，人的眼睛的表现力极为丰富和微妙，只有把握好自己的内心情感，目光才能充分发挥作用。目光呆滞麻木，则给人以疲惫厌倦的印象。如果你的目光炯炯有神，则会给人以感情充沛、生机勃发的感觉！

综上，眼睛是心灵的窗户，是礼节的体现。目光是人在交往时的一种无声语言，往往可以表达有声语言难以表达的意义和情感。一个良好的交际形象，目光应是坦然、亲切、和蔼和有神的，在正确把握目光交流的同时，还要学会读懂对方的目光语言，了解其内心活动。

7.3 精神：饱满、充满朝气和活力

作为一名优秀的销售人员，在销售产品时，一定要做到精神饱满。如果客户第一眼看到的销售人员是精神颓废、衣衫不整的，客户会信得过他所推销的产品吗?

那么如何才能做到精神饱满呢?接下来，为大家介绍5种方法，使我们销售人员能够时常保持饱满的精神状态。如图7–7所示。

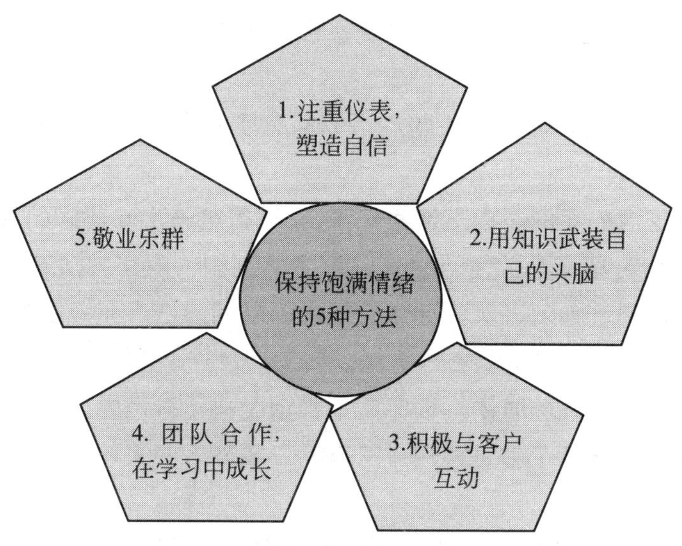

图7-7 保持饱满情绪的5种方法

（1）注重自己的穿着仪表，使自己充满信心。

秦玉清是一名文艺男青年。大学学的专业是艺术类。可是毕业时，由于没有找到专业对口的工作，去做了一名销售，负责药品销售。刚开始工作时，他还有闲情逸致写写诗歌，画些素描或水彩，工作上却没什么成果。

由于业余爱好太多，他又不太注重自己的仪表，头发很长，胡子拉碴。结果，在他做业务时，客户都对他不放心，认为他是卖假药的。

有一天，他的销售经理提醒了他，说他不像个销售员倒像个艺术家。

他这才意识到，自己已经不是一名在校的文艺青年了，而是一个社会人。痛定思痛，他决定好好工作，打造一个全新的自己。从那以后，他只要去谈业务，都会穿着整齐，尽量穿西装，好好把自己修饰一番。这样做以后，他的销售业绩明显提高了许多。

所以，作为一名优秀的销售人员，你要特别注重自己的穿着仪表，让自己精神饱满，这不仅是对别人的尊重，而且能提高自己的自信心 。如果你是一名女销售员，你不仅要注重仪表，还要尽量穿职业装，同时不要把妆化得太浓，要恰到好处。

（2）用知识武装自己的头脑。当你拥有了知识，你就有了自信与底气，你就会精神饱满。

还是秦玉清的案例。秦玉清回忆说，“记得第一次和药店的经理谈业务，用了两个多小时把产品的主治功能，配方、剂型，服用方法背得滚瓜烂熟，在头脑里反复想着如何开头，如何在最短的时间内把产品介绍清楚，由于自己做好了充分的准备，自信心也大增。”

在见到药店经理的时候，很完美地推销出去了自己的产品。所以当你没有自信心时，不要急于去见客户或打电话，要静下心来熟悉产品，用知识武装自己的头脑。

（3）积极与客户互动。与客户互动的要求是，让每一次互动都有意义。心理学家研究发现：每一个人的行为能够影响10个、100个，甚至更多人。不管你的情绪有多糟，你都可以有意识地选择以积极的态度对待下一场交谈。如果你这么做了，你接下来的互动就可能得到改善。

现实生活中有很多这样的例子。面对一场冲突或碰撞，当你报以微笑和抱歉时，往往你会收获微笑。而当你愤怒责备时，对方则可能会感到抱歉和不安。

所以作为一名优秀的销售人员，你需要善意推断，以积极的心态与客户交流沟通。

（4）讲求团队合作，在学习中成长。团队能够迅速地培养起一个销售新秀。因为在团队中人们能够集思广益，新员工可以向老员工学习很多销售知识，从而提升自己的销售能力。

郭量是一名汽车销售新秀，刚应聘时老板并不想录用他，因为他看到老板连话都不敢说。可他是由朋友推荐的，几经讨论，老板决定给他一个机会，留下了他。刚开始，只是让他发发宣传单。

起初，他特别内向不爱说话，还胆怯紧张。可一个月后，他就主动找老板沟通，说要做一线销售员。

老板却说郭量做不了，因为他连话都不敢说。可是郭量的态度非常坚决。

老板见他很积极，也敢于正面提出要求，就决定给他一次机会。让人意外的是，那个月他是十几个销售员中业绩最好的。老板了解后才知道，他在发宣传单的同时，经常跟着老销售员去谈业务，得到了锻炼，胆子也变大了。从那以后，老板就让新来的销售员在培训后跟着老销售员学习一个月，再独立工作。

这个案例就充分说明了团队中合作学习的重要性。

那么在团队合作中，一名销售新手应该学习些什么，又应该怎么做才能够精神饱满、自信满满呢?

① 从小处开始，重视细节，保持清醒的头脑。在日常生活、工作中，能够带来正能量的东西通常都很普通，并不需要花大价钱购买。销售人员在团队中需要学会分工合作，学会将一个大的目标分解成一个个小目标，学会问题的共享、方法的共享，这样做可以获得更多乐趣和成就感。

所谓销售的细节，就是销售人员在与客户沟通的过程中，要根据场合、语境的不同，灵活运用各种语言表达技巧，营造轻松幽默的沟通氛围，以拉近与客户的关系，促进交易的达成。比如，你可以在与客户谈业务之余，适当地聊聊你的趣事或糗事，一来可以活跃气氛，二来如果能正好调动起客户的兴趣，使对方也打开话匣，那么，正式的谈判就可能变成了朋友间的闲聊，关系更近了一步，沟通起来也更有效率。

② 学习积极乐观的进取心。所谓积极乐观的进取心，就是你要至少用你80% 的时间来做正确的事情，而不是花在一些较为负面的事情上。

具体做法是在与客户交流沟通时，多使用积极的词汇，要给予客户赞美和肯定。一般来讲，负面词汇的影响力通常是正能量词汇的4倍。如果你一味的用负面评价轰炸对方，会使对方失去兴趣。

③ 在团队中积累经验，发挥自我优势。在团队中，你会有更多的机会关注别人的成功之处。多多学习交流，经过长时间的积累，你的收获会变多。具体原则是，帮助他人发现优势，同时也要开发自我优势。

帮助他人发现优势，也是间接为自己开发优势。具体来讲就是要给予团队成员正确的赞扬和认可。用词越具体，效果越明显，你的几句话就能给他莫大的鼓舞。当你帮助了团队成员的时候，团队成员也会反过来帮助你。这样，你便能够在团队中积累经验，发展自我优势，同时提升自信心。

（5）在团队中学习敬业乐群的精神。所谓敬业乐群，就是要找到自己在团队中存在的意义，要找寻自己在团队中的认同感、关注度与责任心。

说具体点，所谓敬业，就是要热爱你所做的销售行业，热爱你的产品，对你的产品有信心。如果你对产品没有信心，在销售过程中，你就不会充满信心。另外，当你的客户贬低你的产品时，你要有一个正确的心态。这个心态就是乐群的心态。要以谦和的态度来对待你的客户，不要因为顾客的一句过激言语就反唇相讥。

所以，做到敬业乐群，你就是要对自己的产品有信心，对待客户态度真诚，热爱自己的职业。

综上，要做到精神饱满、能量满格，其实就是要外在提升自己的形象，内在做充分的准备，要及时与客户互动，要做到敬业乐群。只有内外双修，你才能精神饱满，使销售业绩节节攀升！

7.4 手势：坚定地指向，准确地指示

人的心理其实大都可以通过不同的手势体现出来。

在生活中，透过一些手势动作我们可以窥探到一个人内心的想法，可以对一个人的性格特征有一定程度的了解。如果仔细研究，你会发现其中大有学问。

所以，作为一名销售人员，你要善于利用自己的手势进行产品宣传，或者根据客户的手势来因人而异地进行产品销售。

如果你能理解客户的手势信息，那么你就能深入了解客户的心理诉求，

从而根据客户消费心理，进行更加精确的销售服务。

心理学家研究发现，人们的肢体行为同时受到心理和大脑的综合指令的影响。同时，手作为身体中最灵活的部分，手势动作蕴含着大量的心理信息。如果你善于观察，就会发现，当人们处于不同的状态时会有不同的手势。

例如，当你心情愉悦时，双手的摆放看上去非常自然；当你听到有律动感的音乐时，你会不自觉地跟随节奏打起节拍；当你准备和某个人进行面对面沟通时，你也会用手势向他传达想要和他说话的想法；甚至在一些特定的国家、特定的社会文化背景或特定的语境环境下，手势成为了一种特定的沟通语言。总之，手势语言无处不在。

接下来，为大家介绍5种常见的手势特征（如图7–8所示），并揭示隐藏在手势后的深层心理。如果你发现顾客有以下手势，那么就要根据相应的心理做出不同的销售策略，使你的销售能够达到最佳效果。

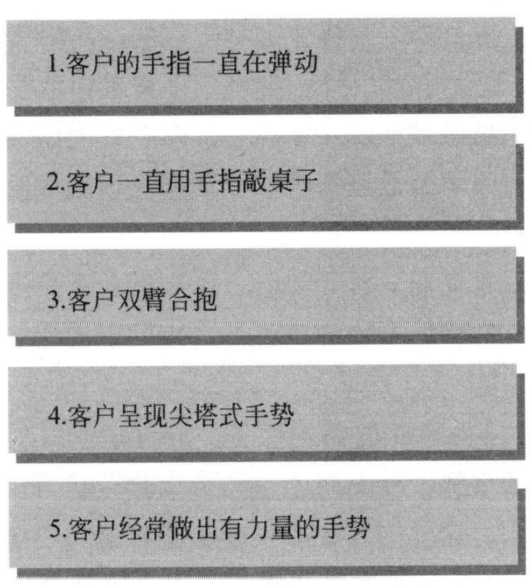

图7-8 5种常见的手势特征

手势1：客户的手指一直在弹动。心理学家发现，当人处于紧张的情绪时，通常会表现不自然，大都会觉得双手不知道放哪合适。此时，手指就会不停地动弹，以此来缓解自己的紧张感。如果你发现客户有这种行为，你就要试着缓解他的紧张情绪，讲一些轻松幽默的段子，或者放一首欢快的音乐，使客户放松下来。这样做，会使你接下来的销售谈话轻松很多。

手势2：客户一直用手指敲桌子。心理学家发现，用手指敲桌子是一种思考的表现，或者是表达一种焦躁的情绪。当我们与客户交流时，如果发现他用手指连续地敲打桌面，那么就不要去打扰他。因为客户的这一行为透露出他在考虑事情，正处于一种略显焦躁的情绪中，他此时正是在利用敲桌子的手势来舒缓心理压力，如果你强行打断，只会带给对方新的压力。正确的做法是，静静地待在客户身边，当他们有需求时，及时帮助，这样做会增加客户对你的好感。

手势3：客户双臂合抱。心理学家发现，当人们双臂合抱时，是一种自我保护的表现。因为双手往胸前一抱，就构成了一道阻挡威胁的有利屏障。因此，当一个人神经紧张或者充满敌意时，会很自然地把双手抱在胸前。另外这个手势也代表着自我的保护与强势，当我们想刻意保护自己，与对方制造距离时，通常会用到这个手势。

如果你发现客户在与你谈话时，一直使用这种手势，你就要明白，客户仍然不信任你。此时，你需要用更加谦和的态度来打动顾客，使顾客对你的产品放心，对你的为人放心，这样才会利于你的产品销售。

手势4：客户呈现尖塔式手势。尖塔式手势是指双手手指的指端一对一地结合，但手掌没有接触的一种手掌状态。从形状上来看，尖塔手势就像教堂的塔尖一样，这种手势代表着自信。心理学家研究表明，精英们经常会使用这个手势。

当你发现客户时常使用这种手势时，你要明白客户应当是知识分子或者行业内的佼佼者。此时你就要用数据说话，用知识说话，着重体现你的产品的科学性、严谨性。

手势5：客户经常做出有力量的手势。心理学家发现，如果一个人经常做出让人倍感力量的手势，就说明这是一个十分有魄力和勇气，遇事敢做敢当、能承担责任的人。这样的人做事大多干脆利落，不拖拖拉拉，一旦想做就会付诸行动，而且有一定的韧性和毅力，不会轻易放弃。

如果你面对的是这样的客户，那么你也一定要表现出相应的气概与气魄，表现出你的自信与得体，这样才会得到客户的欣赏。如果你能够这样做，并且受到客户的赏识，那么这位客户就会成为你的忠实客户。

人的手势非常丰富。有的手势表明其人非常忙碌，有的手势表明其人扬扬自得，还有的手势则表明此人有话要说。当然，我们无法一一做分析。你需要深入生活，细致观察，从而了解不同手势所代表的不同心理含义。

一般来讲，优美动人的手势会使人感到心情愉快；沉稳果断的手势会让人倍受鼓舞；不自然的手势会造成人与人之间交往的障碍；柔和温暖的手势会让人不由自主地产生感激之情。

因为手势语暗含着客户独特的心理，所以，作为一名销售人员，在与客户交往中，一定要重视客户的手势语言。

7.5　香水：适当适量适时使用，不能太甜太浓

从心理学角度来讲，销售的过程实际上是销售人员与顾客的综合较量，销售人员在推销产品，其实也是在推销自己。这就要销售人员注重外在的形象与内在的气质。说起外在的形象，香水确实能够提升销售人员的整体形象。

在时尚界，高级的香水调配师称香水是“液体的钻石”。香水不仅能够使女人的打扮更加完美，也能增添男人的魅力。香水不仅能使人们感受到它独特的香气，同时也可以愉悦人们的心情，提升自己的气质。这样就使我们变得更加自信，更加浪漫与优雅。

同时，你还要明白，香水的使用也要因人而异，所以在选择和使用香水时，一定要谨慎小心。作为一名销售人员，如果能够选择一款适合自己的香水，不仅能够体现出你的个人品位以及审美能力，在与客户交流时，还可以有一个良好的开局，营造一个“清香”的氛围。

许多销售人员都认为，把香水喷于腋下便能够遮掩自己的体味，其实这是一个误区。对于体味过重的人，香水一旦混合体味会产生一股怪味，反而弄巧成拙。所以你需要学习一些正确使用香水的技巧，具体内容如图7–9所示。

（1）香水不能一次喷得过多，正确做法为少量多处喷洒，这样才能达到更好的效果。同时，你还要知道不同浓度的香水，其喷洒的方法不一样。香精是以“点”的方式进行喷洒，香水是以“线”的方式进行喷洒，淡香水是以“面”的方式进行喷洒。原则是浓度越低，涂抹的范围越广。

（2）如果想要发挥香水最好的效果，我们可以先将香水喷于空气中，然后在香水飘过的空气中走上一圈，令香水均匀地洒落在我们的身上。

1. 香水不能一次喷得过多

2. 香水喷洒于空气中

3. 香水应喷于不易出汗，脉搏跳动明显的部位

4. 洗浴后喷香水效果更明显

5. 香水的使用要懂得依时而变

6. 香水的使用还要懂得与工作环境相适应

7. 衣服上洒香水的位置一般都比较隐蔽

图7-9　正确使用香水的技巧

（3）汗味过重会压住香水的味道，所以香水应喷于不易出汗、脉搏跳动明显的部位。例如，耳后、脖子、手腕及膝后。

（4）洗浴后，身体湿气较重，此时将香水喷于身上，香味会释放得更明显。

（5）香水的使用要懂得依时而变。具体来讲，香水的用量要做到与时令配合。例如，春天比较适合幽雅的香型，夏天比较适合清新淡雅的香型，冬天则更适合使用温馨、浓厚的香型。另外不同的天气，也要选用不同的香水。在晴天，香水的气味会更浓烈，此时选用淡香型的香水会更好；在雨天，则适合使用浓厚型的香水。

（6）香水的使用还要懂得与工作环境相适应。香水的更替使用就如同服装的更替变换，所以香水的使用要与环境相协调，环境变了，香水的类型也就需要做出相应的变化。具体来讲，上班时用的香水宜清淡优雅；谈客户时随身携带的香水，也一定要清新淡雅，香水瓶也需要是小巧精致的那一种；在工作间，切忌使用个性强烈的香水。

（7）如果你身穿的是浅色衣物，则不宜在衣物上喷洒香水。因为这样做，会留下污渍。如今香水越做越高级，尽管香水的无色透明化使色痕的形

成不明显，但还是应该避免在高档西装的显眼位置喷洒香水。衣服上可以洒香水的位置一般都比较隐蔽，例如袖口。这样既可以减少香水对皮肤的刺激，还可提高使用效果。若不小心玷污衣物，应尽早处理。

综上，要适度、适量、适时地使用香水。作为销售人员，在使用香水时，如果能够达到沁人心脾的效果就非常好了，香水味太浓太甜反而不好。淡淡的香水味，会使顾客心情愉悦，从而更有利于交流。

7.6 化妆：女性清雅大方，严谨内秀；男性不要化妆

心理学上有一个首因效应，就是我们平常讲的第一印象。如果你能够给对方留下一个很不错的第一印象，那么你与对方进一步交往的可能性就会增加很多。作为一名销售人员，你要学会展现给客户一个良好的第一印象。而第一印象的打造，是从你的妆容开始的。作为一名销售人员，你要学会化妆。

现如今素颜出门的女性销售人员已经不多见了。她们外出大都精心打扮。面容的美丽，或者说颜值，并不只是好看不好看、赏心悦目这么简单。在现代社会，化妆基本上已经成为一种仪式感的行为。如果能够化淡妆，这样会让气色更好，仪容更端庄，眉眼更清晰。

整体而言，在化妆的要求上，女性要做到清雅大方，严谨内敛。男性一般不要求化妆，但是最起码要做到外表的整洁。

在现代社会，为何化妆越来越重要了呢？原因可见图 7–10。

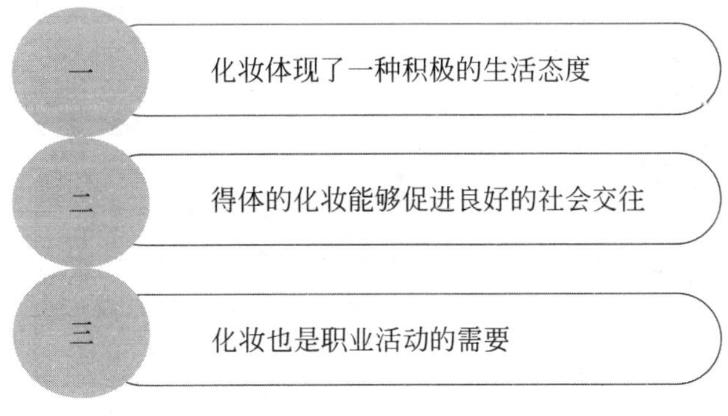

图 7-10 化妆的重要原因

第一，化妆体现了一种积极的生活态度。也许你不一定很漂亮，但是如果你能够正确面对自己的样貌，并按照大众的审美标准，为自己修饰妆容，这也代表着你对生活的热爱，以及对他人的尊重。

第二，得体的妆容能够促进良好的社会交往。一般来讲，合适的妆容、恰当的服饰、优雅的谈吐以及良好的个人修养，可以充分展现个人的魅力。

第三，化妆是职业活动的需要。作为一名销售人员，你应该更加懂得化妆的重要性。在你的销售过程中，你可以通过化妆把个人美丽的容貌、文雅的举止、干练的形象展现在顾客面前，这样会给顾客留下深刻的第一印象，有利于提升自己的销售业绩。

所谓“女为悦己者容”。在当今社会，女性之所以美容化妆，一方面是为了实现自己更美丽的愿望；另一方面，化妆能够增加自信心，合适的妆容对工作也特别的重要。

作为一名销售人员，更要学会一些化淡妆的技巧，从而更好地提升自己的自信心，给顾客留下深刻的第一印象，最终促进顾客购买我们的产品。

化妆是门手艺活，化淡妆更是讲求精巧细致。既然化淡妆总能给人留下清丽脱俗的印象，那么怎样才能打造出精致好看的淡妆呢?

整体而言，化妆应该依据时间、地点场合的变化，利用不同的化妆技巧，打造不一样的妆容。

下面具体为大家介绍一下怎么样画淡妆，如图7–11所示。

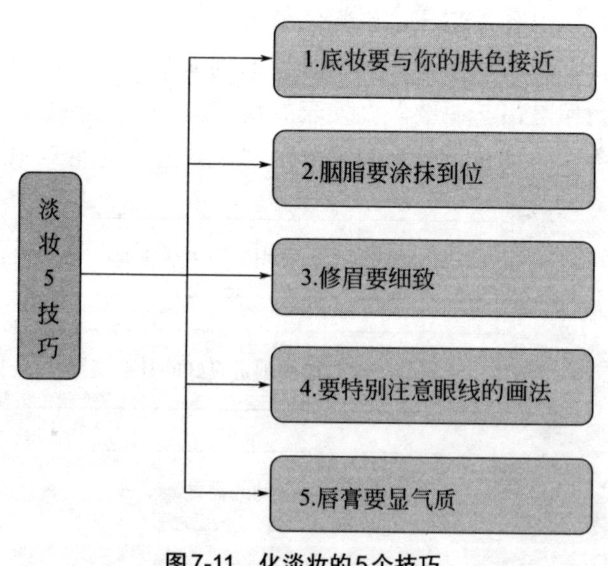

图7-11　化淡妆的5个技巧

（1）底妆（如粉底）要与你的肤色接近。同时，如果想让你的妆容更立体些，需要修容和高光。高光打在额头、下巴各一些，眉骨一些，苹果肌一层，鼻梁一层。这样效果就会很好。

（2）腮红要涂抹到位。涂腮红在化妆步骤中是十分重要的。腮红涂得好，能使你看起来面色红润，气色很好；如果涂不好，则会使你看起来像一只花猫。

目前流行把腮红涂在颧骨和眼睛下边，这样能使面容显得年轻、可爱。若以颧骨为中心，将腮红涂在颧骨两侧的话，就会显得成熟。另外，你也需要时常关注市场上主流的腮红颜色，不要以为红色与粉色就一直是流行色。腮红的流行色与衣服的流行色一样，也是在不断变化的。

（3）修眉要细致。修眉是一个细致的工作，还需要一定的审美。如果你不会修眉，可以到专门修眉的地方找人帮忙，找到适合自己脸型的眉形。

何为细致画眉?

你首先要把眉毛三等分，然后从眉毛的最高点开始，一笔一笔地画出眉毛的弧形。这种画法，不仅会使眉毛的弧形看起来自然，而且能使你显得聪明，富有时尚气息。

其次，画眉毛讲究一根一根地画。越是高级别的销售会谈，女推销员越应该注意画眉的细致。

最后，再用眉刷轻轻一刷，眉毛就会看起来很精致。

（4）要特别注意眼线的画法。眼睛是心灵的窗户，人的眼睛表达的信息有时要比你用语言表达的信息更为丰富，更有内涵。

眼睛的化妆主要由眼影粉、眼线笔、睫毛膏这三部分构成。其中最重要的是眼线的画法。如果眼线画得好，那么你的眼睛就会看起来有神。所以你在化眼妆时，一定不要图省时省力，只是简简单单地随意画一画。相反，你要特别注意这一点。

画眼线要讲究技巧。你需要微闭着眼睛画，不要从头画到尾。最理想的是从眼角 1/3 处开始画，这样睁开眼时，眼线的位置就恰到好处了。画好后，用手指轻轻一抹，就能把眼睛的轮廓烘托出来了。

（5）唇膏要显气质、不土气。最后讲的是唇膏的画法。如果所有的口红都用一种方法来涂，就会显得很单调。所以，你要根据唇膏的颜色来改变涂画的方法，这样才能使妆容看起来有气质、不土气。

综上所述，时代在变，潮流也在变。化妆不仅能够淡化你的年龄，表现你的个性美，同时也是生活中的一种调剂品。作为一名销售人员，你需要学会化淡妆，同时注意扬长避短的化妆原则，在客户面前展示出最完美的自己。

7.7 开场白：每一句话都是打破僵局的巧语

好的开场白能够打破销售员与客户初次相见的心理隔阂，所以提前设计开场白很有必要。如果你是门店导购，客户走进店里的时候，你需要说些什么呢？我们常见的有这些。

“您好，欢迎光临！”

“您想要点什么？”

“有什么可以帮您的吗？”

“先生，请随便看看！”

“您想看个什么价位的？”

“能耽误您几分钟时间吗？”

“我能帮您做些什么？”

“喜欢的话，可以看一看！”

上面的这些开场白都是错误的，如果你是客户，这些开场白你会怎么回答呢？“好的，我随便看看！”这是销售员听到的最熟悉的话。有的销售员依照“0打扰”策略，回答说：“好的，您先看，有什么需要可以随时叫我。”然后顾客看了一圈就出去了。其实，好的开场白只需要三句话。

第一句，让客户停下来。如果客户在商场闲逛时，不时地往你的专柜看，但并没有把脚迈进来，那你就要通过开场白让客户先在你这里停下来。一般第一句话这么说：“你好，欢迎光临×××专柜！”这样的开场白已经把你的品牌说了出来，用最简洁明了的话在客户耳边做一遍广告，这种广告效果定位十分精准。可能客户今天不会买，但当他想买的时候，他的耳边会隐隐约约有个声音“××专柜！”。

第二句，调起客户的兴趣。男孩喜欢美女，女孩喜欢帅哥，这是因为他们是“外貌协会”的会员，漂亮的外观对其有吸引力。许多年轻人喜欢用苹果手机，因为外形好看、配置很高、上网很流畅。那么作为销售员，怎么才能把客户吸引住呢？那就是给客户一个“无法拒绝”的理由。

①“这是我们的新款！”人对新的东西都很好奇，比如新车、新房、新衣，这是人的本性，那么我们就用形象的方式把新款突出出来。

②“我们这里正在搞 ××× 的活动！”用活动来吸引顾客，但千万别这么说：“我们这里正在搞活动！”因为现在每家都在搞活动，顾客已经麻木了，这就需要我们把活动内容说出来：“我们正在搞消费3000元，免费参加美国七日游的活动！”这样顾客就感兴趣了，会注意听你说的话。

类似的表述还有很多，如突出唯一性、制造热销气氛、时限性等，目的都是吸引客户注意力。

第三句，直接介绍商品。我们把第一句、第二句话串起来后，就变成：“你好，欢迎光临 ×× 专柜！我们这里正在搞消费3000元，免费参加美国七日游的活动。”接着销售员说出了第三句：“您愿意了解一下吗？”或“我能帮您介绍一下吗？”这样客户的思维又退回了原点，客户会说：“我先看看吧。”或“不愿意。”因为客户刚被你前两句的话所吸引，你又给了客户新的选择，等于给了客户拒绝的机会，我们把这种话称为多余的礼貌，所以第三句话我们应该直接介绍商品。

如果我们不是在店面销售，而是拜访式销售，那我们就需要另一种开场白了。

调查显示，拜访式销售成功的开场白，提起对方的嗜好占72%；提起对方的工作占56%；提起时事问题占36%；提起孩子等家庭之事时占34%；提起影艺运动占25%；提起对方的故乡及所读的学校占18%；提起健康占17%；提起理财技术及街谈巷议占14%。

开场白主题有一个FORM公式：F(Family)家庭，O(Occupation)事业，R(Recreation)休闲，M(Money)金钱。这四方面虽然和销售没有直接的关系，但却是客户最感兴趣的内容。首先，销售人员要通过与客户的沟通，了解对方对家庭、事业、休闲、财富的看法，进而了解对方的价值观和最关心的东西，为最后的销售打下基础。其次，销售人员通过了解客户的价值观，将其融合到自己的产品中，以客户的想法为出发点，阐述产品的价值，使客户觉得这款产品就是最适合自己的。

把FORM公式的内容具体化，常用的开场白话题有：赞扬（客户本人、公司、产品）、问一些行业看法、其它客户感兴趣的话题。

①“张总，刚进来时看到你们厂房及设备都很先进，你们一定很赚钱！”

②“张总，中央发的 ×× 号文件在行业中引起了强烈反响，不知对你

们公司有没有影响？”

③“张总，上周六的那场球，您觉得哪个球员表现得最好？”

当然，如果开场白抢占了销售的主体，就等于画蛇添足，影响最终销售。开场白切忌出现以下问题，如图7-12所示。

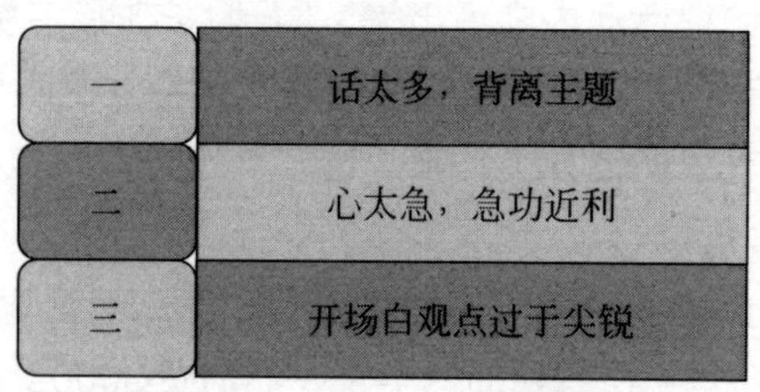

图7-12　开场白切忌的问题

（1）话太多，背离主题。有些销售人员害怕向客户推广产品，在一次拜访中，他们一直停留在寒暄阶段，不能推进销售进程。有些销售人员天南海北，和客户谈得不亦乐乎，完全忘了自己拜访的目的，最后没有达成销售目标。

（2）心太急，急功近利。开场白的目的是赢得客户的好感。有些销售人员急于拿下订单，虽然也与客户寒暄，但流于形式，不够真诚，被客户感知后，反倒疏远了，为后期的销售工作设置了障碍。

（3）开场白观点过于尖锐，引起争执辩解。认同不代表同意，认同是理解和宽容，所以销售人员即使不同意客户的观点，也要先认同，这样双方才不会发生争执，使销售程序正常推进。

第8章

专业知识，肥而不腻

如今已是知识经济时代。在这样的大时代背景下，销售人员掌握专业的知识是必不可少的。如果没有知识，只知道与客户拉关系，是不能适应现代社会的需求的。

然而，如果你的语言、你的行为总是太专业，不接地气，那么你也不会受客户的欢迎。

真正受客户喜欢的销售人员是那种拥有丰富的专业知识，而在实际应用的过程中，又能做到“平易近人”的人员。这样的销售人员，会把知识与生活巧妙地结合，做到生活中处处有学问，生活与知识相得益彰。

8.1 销售员不要总是文绉绉

所谓文绉绉，是指一个人的讲话方式不口语化，显得很教条。或者说，这类人在行为举止上总是充满书生气。但作为销售人员，不能总是文绉绉的。

客户的性格千差万别。你在做销售的时候，遇到的客户并不都是文绉绉的，甚至有些客户是粗俗的。所以，你说话做事一定要做到因人而异。

从客户的心理角度来讲，一般情况下，客户希望遇到的是能够把产品信息讲明，价格信息说透的销售人员，而文绉绉的销售人员。由于说话不接地气，他们对于产品的介绍很难让客户理解，客户也不会轻易地接受他们的产品。文绉绉的销售人员经常会被调侃为“书呆子”销售。

既然文绉绉的讲话方式与行为方式很难深入人心，那么销售人员应该有着怎样的讲话方式和行为举止呢?

若是想要真正成为出类拔萃的销售人员，靠一些文绉绉的讲话以及儒雅的气质是很难做到的，提高自身能力是关键，尤其是提高处理解决实际问题的能力。如果你能妥善、巧妙地处理实际生活中的各种矛盾，那么你就能为自己的销售事业打造一个良好的环境。而要做到这些，销售人员就需要练就一身过硬的谈话本领，具体内容如图8-1所示。

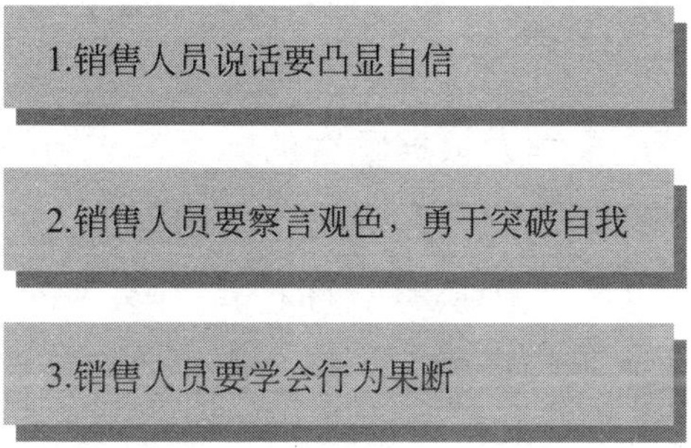

1.销售人员说话要凸显自信

2.销售人员要察言观色，勇于突破自我

3.销售人员要学会行为果断

图8-1 销售人员需要炼就的谈话本领以及行为技巧

1. 销售人员说话不要文绉绉，而要凸显自信

销售人员的自信，体现在言语有力量，眼神坚定，能够通过自己的语言魅力把产品的信息有重点地介绍给客户，使客户对产品有一个详细的了解。

自信的养成不是一朝一夕的事情，需要不断的积累，最终达到质的飞跃。

培养自信心，需要销售人员在日常生活中充分认识自己的长处和优势，在销售过程中充分发挥自己的长处和优势。一步步地实践下去，你就会越来越自信。

培养自信心，你要经常鼓励自己，为自己打气。你要时常提醒自己：其他销售人员能做到的，我也有能力做到。对于别人做不到的，如果我踮一踮脚尖就能够做到，我也要尽力做到。只有这样反复地为自己鼓气，你的自信心才会一步步地提升。

培养自信心，你要不怕失败，要愈挫愈勇，大胆实践。在销售过程中，难免会遇到很多对你不友好的人或者事件。对于这些，你需要以一颗平常心去面对。只有这样，你的实践经验才会不断丰富。所谓实践出真知，在不断的实践过程中，你的自信心会逐步地提升。

当你有了自信，你介绍产品自然能清晰明了，客户也会信赖你，那么你的销售事业就会越来越好。

2. 销售人员要学会察言观色，同时勇于突破自我

察言观色是销售人员的基本能力之一。如果你不懂得察言观色，只会一种谈话的技巧，无论见到什么样的客户，都只是用一种很平凡的话术表达，

那么在销售过程中，你就会很被动。倘若遇到难缠的顾客，你很可能会手足无措，无法应对。

察言观色的核心是要学会根据顾客的类型来进行不同的表述，从而达到更好的营销效果。例如，如果客户是一个幽默的人，那么你的语言也要俏皮幽默些；如果客户是一个尊贵儒雅的人，那么你的语言也要文明一些；如果客户是一个文化水平较低的人，那么你的语言就要更加通俗，更加接地气。

要想学会察言观色，你就要勇于突破。不过这要花费大量心血，克服大量困难。所以相比于突破自己，人们更愿意待在自己熟知的领域，固守既得的成就。但是，作为销售人员，你必须要勇于突破自己，只有如此，你才能观察到形形色色的人，观察他们的一言一行，并不断积累经验，使自己的观察更准确，从而更加了解他们的想法，为销售的顺利进行铺平道路。

在一步步地自我突破后，你的销售风格就会越来越多元化，你就能够更轻松地与不同类型的顾客进行交谈，你的销售业绩也就会越来越好。

3. 销售人员要学会行为果断，做到该出手时就出手

文绉绉的销售人员，做事瞻前顾后，不够果敢，很容易错过机遇。做生意，最难得的就是商机。而商机是转瞬即逝的，所以作为销售人员要行事果断，积极采取措施抓住商机。

所谓行事果断，就是讲你要练就一双慧眼，同时要能够摒弃一些繁文缛节。练就慧眼，就是讲你要能够迅速判断出客户对产品的需求程度，或者说你能判断出产品的发展趋势。所谓摒弃一些繁文缛节，就是讲为了抓住商机，有时你也要学会先斩后奏或者是边斩边奏。优秀的企业选的不仅仅是能打仗的销售员工，还要是能打胜仗的销售人员。只要你能够做事果敢，抓牢顾客，即使是没有事先汇报，甚至是先斩后奏，也是可以被接受的。

综上，文绉绉的销售员工，在多变的环境中，是很难有大成就的。若想成为销售界的精英，必须要勤学苦练。要学会凸显自信；要学会察言观色，勇于突破自我；要学会行事果断，做到该出手时就出手。所谓“世上无难事，只要肯登攀”，只要你能从以上三个角度出发，在你的日常销售中不断地实践应用，你的销售业绩就会越来越好。

8.2 说客户能听懂的“人话”

所谓说能听懂的“人话”，就是说你的销售语言必须是接地气的、通俗易懂的，而不是晦涩难懂的。

一般来讲，接地气的语言很容易走近客户，和客户打成一片。高高在上的专业术语，则会引起客户的反感。总而言之，销售人员的语言一定要接地气，也许接地气不一定能成功，但是最起码与客户有了共同的语言，这样才可能会有进一步的沟通。只有接地气，客户才会真正地接纳你，把你当成自己人，而不是对立人员，客户才会觉得与你没有距离感，觉得相处很融洽，你才能收获良好的销售业绩。

所谓销售接地气，就是讲销售人员的说话方式以及做事风格要贴近客户的生活、贴近现实，符合客户的审美与价值取向，而不要觉得自己懂得很多，故意说一些很难理解的术语，也不要总认为自己很高雅，别人很低俗，就说一些高高在上的话，更不要只会高谈阔论，纸上谈兵。而是要把自己当成一个普通人，说话多讲些“干货”，多讲些平易近人的通俗语言。

现实生活中，许多销售人员把专业性作为打开客户心扉的钥匙。他们认为只要自己足够优秀、足够专业、就可以拿下客户。其实不然，专业是支撑成功的必要因素之一，而不是成功的唯一因素。销售人员需要做的是把专业知识与口头语结合起来，不要一见到客户就背术语，絮絮叨叨地介绍产品，这样你讲得再好，客户听不懂，那也是无用功。

此外，你还需要克制不自觉地想表现自己的欲望。正是因为你的表现欲，可能导致你没来由地讲一些貌似高明的专业术语。这样反而使客户对你产生反感。

具体而言，说话接地气，你要学会以下三个技巧，如图8-2所示。

综上所述，好的销售人员会想方设法让客户愿意与自己沟通。愿意沟通关键就在于说一些他们能够听懂的话，即说一些普通的语言，说一些接地气的话，而不是一些听不懂的专业术语。如今，新一代的销售人员更应该在实践中锻炼自己说话接地气的能力。

技巧1	销售话语要善用比喻。核心是你要把深刻的道理用形象的说法表达出来。我们都听过邓小平同志的“不管黑猫白猫，抓到老鼠就是好猫”理论。这个理论就是说明做事情一定要有效果。然而这个理论并没有用大量的术语来阐释，而只是用简单的比喻来叙述。这样的效果反而会很好
技巧2	销售人员要学会幽默的表述。虽然幽默的性格不是人人先天都有的，但是可以在后天的学习中培养自我的幽默感。在销售实践中多进行一些自我嘲讽，这样久而久之，你就会逐渐形成说话幽默的习惯
技巧3	销售人员要善于总结。生活是最好的老师，在生活中，你要处处留心，实时观察，了解普通大众的说话习惯。善于总结，把普通大众常说的、比较有趣的俗语常挂在嘴边，这样在做销售时，你就能说话简洁，而且谈吐诙谐。那么你的顾客就会听得舒服满意，你的销售也自然越做越好

图8-2　说话接地气的小窍门

8.3　一句话就能讲明白，何必多一句

用简洁的语言进行交流是一门艺术，能够高效沟通，节省时间。作为一名优秀的销售人员，你一定要学会说话简洁。标准是，一句话能讲明白的事情，不要啰唆重复。

如果你说话能够简明扼要，不仅可以节省时间，还可以使顾客感受到你的自信与你的独特魅力。但是，如果你使用过多不必要的词语时，顾客就会觉得你在有意掩饰一些内容，或者会认为你是一个缺乏自信的人。

中国有句古话叫做“立片言以居要”，就是讲，我们在与人交流时要用最精确的语言，精练地表达最丰富的内容，同时还要使语言充满新意。

总的来说，要做到语言简洁，就要求讲话人的语言要平易近人，质朴自然。如果要使自己的销售话语做到高效率的转化，就必须让自己的语言简练，让客户用最短的时间明白你所说的意思。

你的讲话必须做到：说话不重复，直入话题，省去废话；同时又要正事先说，有主次；没必要的话不说。

接下来，为大家介绍一下语言简洁的技巧，如图8–3所示。

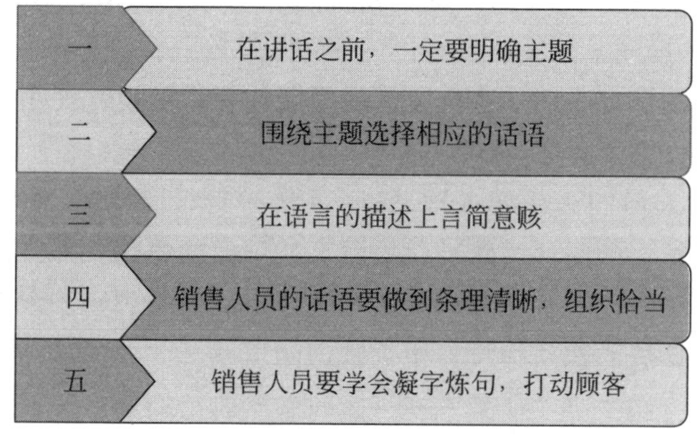

图8-3 销售人员语言简洁的五大技巧

（1）在讲话之前，一定要明确主题。作为一名销售人员，你要明确产品的宣传介绍主题。在实际销售过程中，你要在了解客户的消费心理后，主动根据他的需求，有重点地对产品进行介绍。例如，如果客户是一名追求物美价廉的消费者，那么你就要突出你的产品的性价比优势；如果客户是一名注重品牌的消费者，那么你就要重点介绍产品品牌的定位以及产品未来的发展趋势；如果客户是重在产品质量的消费者，那么你就要拿出相关数据来证明你的产品的质量优势，这些数据包括产品的相关参数以及客户的好评等。总之，你的主题的明确必须建立在客户的相关消费心理的基础上。

（2）在确定主题后，立即围绕主题选择相应的话语。你要明白与主题无关的词汇语句必须要舍弃，无论这些语句词汇是多么优美精彩，你都必须忍痛割爱。例如，顾客要让你谈谈产品的性能，你却在产品的品牌上大做文章，说得天花乱坠，客户自然不会对你的产品介绍满意。另外，对于一些常识性的知识，我们最好一次解释清楚，没必要一味地重复。

（3）在语言的描述上做到长话短说，言简意赅。老舍先生有一句名言：“简练就是话说得少，而意思包含得多。”你的语言要做到化繁为简，清晰明了，最终目的就是要做到以最清晰的语言表达出产品最本质的特征，把顾客说得心动。

历史上许多伟人所说的简短而深刻的句子，对我们销售人员来讲是一种启发，伟人的名言大都是惜字如金，言简意赅。毛泽东主席的“枪杆子里面出政权”就点明武装力量的重要性，用在我们销售人员身上，可以改为“物美价廉出效果。”邓小平同志的“不管黑猫白猫，抓到老鼠就是好猫。”一句话点明了效果最重要的观点，用在我们销售人员的身上，我们可以这样说“我多嘴多舌的描述，抵不上您一分钟的实际体验”。

以上这些例子都说明了言简意赅的重要作用，所以，在销售过程中我们也要长话短说，言简意赅。

（4）销售人员的话语要条理清晰，组织恰当。要做到条理清晰，组织恰当，你就要把你的说话思路转化为顾客能理解的思路。为此，你可以经常锻炼因果关系表述法、个别与一般关系表述法、分门列举法以及依次排列的方法。这些谈话思路都是很常见也很常用的思路，如果你能在表述前考虑到用某一种思路介绍产品，必然能在讲解时做到游刃有余，顾客自然也听得清晰明了。此外，在与顾客谈话时要注意前后联系，要注意谈话的内容顺理成章，不能强词夺理。

（5）销售人员要学会凝字炼句，打动顾客。如果我们能够在适当场合适当地使用一些俗语，会给我们的销售带来很多乐趣，以及意想不到的效果。同时，在与顾客的交往过程中，如能经常使用这些凝练的俗语，可以避免许多不必要的误会和摩擦。

总之，一句话能讲明白的事情，我们千万别用两句话来说。销售语言也是一门技艺，销售人员要在实际生活中不断学习锻炼自己的这门技艺，最终使自己的销售事业越来越好。

8.4 知识是成功的基石

在知识经济时代，作为一名销售人员，如果我们缺乏知识，就如同建设高楼却没有打地基，是无法立足的。在刚开始从事销售工作时，我们可以没有钱，没有好的物质资源，但不能没有知识。

优秀的销售人员要对自己的知识结构有一个清晰的认知。这个认知结构必须是全方位的，包括销售产品的专业知识、销售技巧、法律知识，还包括一些人情世故及其它各种各样的综合类知识。如果你有了这样的认知，你才能有条理地去学习，去充实自己，同时你所学到的知识又在一定程度上促使你不断调整自我认知，最终促进你在销售方面的成长。

在你的知识结构中，专业知识最为重要。只有扎实的专业知识才能让顾客信服，你才可以高效地解决顾客的问题。销售技巧是让销售人员和顾客产生联系的纽带。销售人员需要掌握的6个技能如图8-4所示。

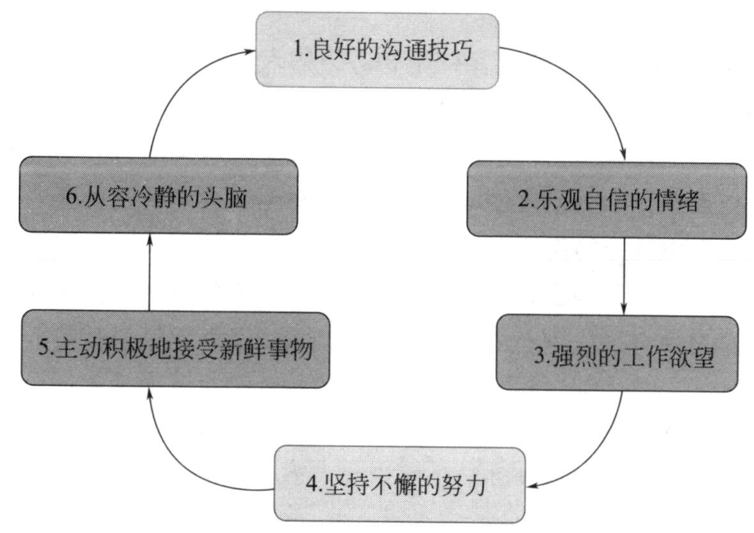

图8-4　销售人员的6个技能

技能1：良好的沟通技巧。作为一名优秀的销售人员，你必须有良好的沟通技巧。必须学会打破沉默，用你的智慧或幽默或其他特点打动顾客。主动与顾客沟通，而且要善于沟通，要培养自己找到合适话题的能力，与顾客迅速建立起良好的关系，从而提高你的销售业绩。

技能2：乐观自信的情绪。乐观自信的情绪是会传染的。当你能够乐观自信地展示你的产品，你的顾客就会对你的产品产生信任。如果你都不能以一种良好的情绪来表述出你的产品的核心卖点，顾客自然也不会对你的产品放心，那么你的业绩会因此受到影响。因此，你要时常保持乐观向上的心态，只有这样，你才能够在潜移默化中影响顾客，使顾客能愉快地购买你的产品。

技能3：强烈的工作欲望。强烈的工作欲望是一个人在事业上成长成熟的标志。如果一个销售人员没有强烈的进取心，那么他对任何事情都不会太投入。倘若你在销售工作上总是很积极，客户也会觉得你是一名努力的销售人员，即使他们此时不购买你的产品，也会对你有深刻印象。只要你坚持下去，你的口碑就会越来越好，你的销售事业自然也会更上一层楼。

技能4：坚持不懈的努力。万事开头难，任何工作都不是一蹴而就的，销售事业当然也不例外。你与顾客的交往总会在刚开始的时候屡屡碰壁，这是很正常的。你所要做的就是不要灰心，要坚持不懈地去争取顾客的信任。只有秉承着坚持就是胜利的理念，你才有可能渡过难关，赢得客户的青睐，取得销售辉煌。

技能5：主动积极地接受新鲜事物。销售人员由于工作特性，必须保持头脑灵活，积极主动地接受新鲜事物，要做到触类旁通，活学活用。接受新鲜事物可以增加知识储备，丰富视野，使你在与顾客沟通时更有魅力，帮助你准确抓住商机，取得销售的成功。因此，对新鲜事物的接受能力是衡量一个销售人员工作能力的重要指标。

例如，当传统营销逐渐走向末路时，一些优秀的销售人员往往能够通过敏锐的洞察力为自己找到新的出路。电话销售以及网络销售就是敏锐的销售人员发现的新出路。那些最初在网上做销售的，已经成为销售行业的领军人物。所以，销售人员要把眼光聚焦在新生事物上，特别是那些新的通讯工具上，利用新的销售途径打开新的销售模式，勇于尝试，做第一个吃螃蟹的销售人员，往往会有很好的回报。

技能6：从容冷静的头脑。只有拥有了冷静的头脑，你才能做到遇事不乱。作为销售人员，难免会遇到形形色色的客户，你首先要稳住自己的阵脚，这样才能从容面对。太过情绪化的销售人员往往会碰壁。所以，你需要时常保持从容冷静的头脑。

综上所述，销售是一项艰苦的工作。作为一名销售人员，你要明白销售不易，做一个成功的销售人员会更难。因此，你要努力学习专业知识，而且要在你的销售实践中去努力地践行你的专业知识。量变之后带来质变。所以你要坚持不懈，这样你的销售必然会越做越好。

8.5　主动成为行业专家

努力成为自己所属行业的专家，无论道路多么的曲折，你也一定要持之以恒，要有一种“走自己的路，让别人说去吧”的精神。

业余和专家的差别在于付出的多少。如果你想成为销售领域的专家，没有付出，没有刻苦钻研的精神，没有毅力，你是不会成功的。只要坚定信念，拼搏进取，努力成为销售领域的专家，在未来你一定会感激你曾经无怨无悔地走过的奋斗之路。

另外，你还需要明白，专家是相对的，对知识的学习与探索是无止境的。如果想要在销售领域有所成就，你就必须不断学习营销领域的最新知识和最新理论，还要不断拓宽知识面。只有不断地完善自我，才能不断进步，逐渐成为销售领域的专家。

有什么更简单的方式让我们成为某行业的专家么?

世界上并没有捷径可走，最好的办法就是自己不断地努力付出。具体来讲，要成为销售专家，你必须经过以下三步。如图8-5所示。

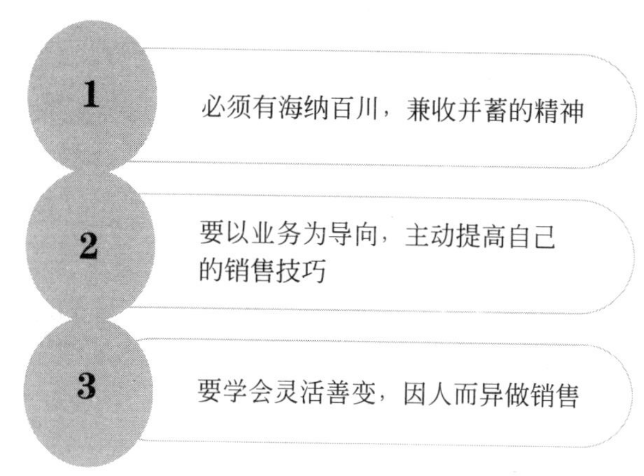

图8-5 成为销售专家的三部曲

第一阶段，必须有海纳百川，兼收并蓄的精神

何为专家，就是有足够的知识、丰富的人生阅历、独特的思想，在某领域有建树的人。如果一个人不谦虚，专业知识又匮乏，那么这个人会越走越艰难。销售人员应该虚心接受别人的建议，还要主动学习新知识。

你要善于听取同事对你的建议，或者善于聆听不同的声音，只有听得多了，听得杂了，你才能在不同声音的碰撞中，找到属于自己的销售灵感。

你还要善于反省，反省自己是否及时学习并吸收新知识、新观念。反省是进步的动力，如果你能像先贤那样，做到“每日三省吾身”，那么你不进步，谁进步呢?

第二阶段，要以业务为导向，主动提高自己的销售技巧

要成为销售行业的专家，就必须重视自己业务的发展，在实践过程中主动提高自己的销售技巧。销售技巧虽然只是业务变革的一种工具，但如果你

能够好好地利用这项工具，你的销售事业就会有前所未有的变化。销售人员只有好好地学习并在实践中落实自己的销售技巧，才能够成为销售界的行业专家。

作为销售人员，你必须明白，事物的发展总是在曲折中前进的，个人的发展也不例外。如果要想成功，你必须对你的未来充满信心。此外，你还必须在实践过程中，愈挫愈勇，屡败屡战，不断磨炼自己。只有经历了销售这场没有硝烟的战斗，你才能在失败中吸取经验教训，进一步提升自己的销售技巧。

所谓“不积跬步，无以至千里；不积小流，无以成江海”，销售技术也需要日积月累，才能更加符合客户的需求，跟上时代的变化，最终为我们的销售事业保驾护航。

另外，对客户而言，最有价值的就是你所提供的信息和服务。而你的信息和服务要被客户心满意足地接受，就必须要以良好的销售技巧作为手段。

作为一名优秀的销售人员，只有理解和分析客户需求，掌握必要的销售技巧，主推你的主导产品、主打业务，你才能够进一步打开消费市场，赢得属于自己的辉煌。

第三阶段，要学会灵活善变，因人而异做销售

当你体会到“急顾客之所急，想顾客之所想”的重要性，你就会真正地学会换位思考的方式，为客户提供恰当的产品或服务。

如今，市场竞争日趋激烈，“求变、求创新”已经成为商家必不可少的生存法则。对销售人员来讲，求变不仅仅是要善于运用新的销售技巧、利用新的销售渠道，更重要的是要灵活善变，根据客户的需要，做出最合适的产品推销。

这个求变、求创新的过程，也是销售人员从被动宣传介绍到主动营销的完美蜕变。

历史上许多销售奇迹都是在求变的过程中诞生的。无论是亚马逊，还是阿里巴巴，都在不断地求变求突破，主动颠覆传统理念，打破原有流程，推出全新业务模式，最终他们都创造了一个又一个的商业奇迹。

行业巨头们是如此，个人的销售更是如此。

在我们日常的销售实践中，我们要善于总结经验教训，切实把握客户的真实需求，只有一步步地积累，我们才能成为众人眼中的英才，在销售领域达到“一览众山小”的境界，成为实至名归的行业专家。

以上三个阶段，只是对如何成为行业专家的宏观解答，要落实到实际生活中，仅仅以上三步是不够的，你还必须要努力做到专心致志，做到精益求精，对任何销售细节都必须一心一意地去做，并力求做到极致。

8.6 链家地产的销售精英

许多刚毕业的大学生会选择销售行业，比如有些人选择了房屋销售。下面以链家地产为例，解读如何才能成为链家地产的销售精英呢？如图8-6所示。

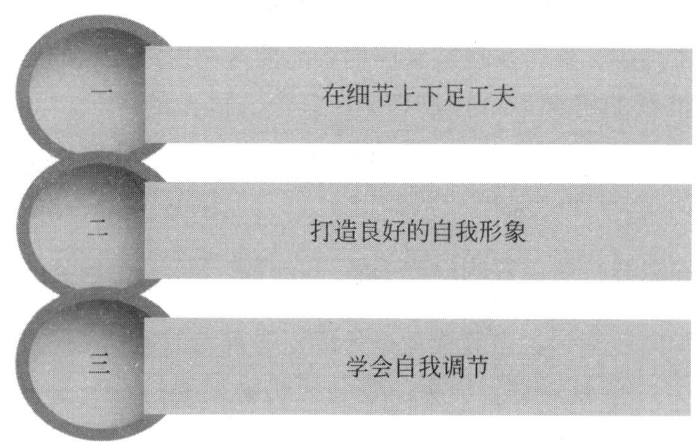

图8-6 链家地产的销售精英的良好品质

第一，你需要在细节上下足工夫，尤其是大客户，更需要你的细致

在卖房过程中，你做到全面、细致、诚心，这样才能取得客户对你的信任。那么如何才能做到全面、细致、诚心呢？

所谓细致，就是把你能想到的方面都想到，想不到就请教资深员工；所谓全面，就是准备一定要充分，要将能准备的全准备上，例如客户的综合信息、房源的综合信息等；所谓诚心，就是要做到诚信经营，不欺骗客户，客户有自己的判断能力，如果他们发现你存在欺诈行为，肯定就不会继续和你合作，你的销售事业可能就此断送。

如果你做到了以上这些，还是留不住客户，又要怎么办呢？

这时，你就要学会跟进客户，跟客户进行进一步的联系，保持良好的沟通，在这一过程中，你要提供更加完美的服务。

具体来说，你要做到以下这些：你要知道客户的常用联系方式，以便于更快、更及时地与客户联系；你要熟知每一个客户的需求，当有房源出来后第一时间告诉他，做到掌握先机；你必须学会和客户打交道，在与客户首次见面后，抓住机会，主动和客户成为朋友，这样对你日后的销售是很有好处的。

下面用一个具体的操作步骤为大家进行详细的介绍。

（1）作为一名房产销售人员，你必须要熟知每一套房子的情况，做到胸有成竹，通过你的专业性，争取顾客的信任。

（2）在具体的售房过程中，你向客户推荐的房子必须是有差异的，而且要对比效果明显，这样消费者会有更多的选择。

（3）在生活中，你带领房客看房的距离要遵循由近及远的原则。

（4）你推荐的房源最好控制在2 ~ 3个。过多的房子，一是看房时间有限，二是看多了顾客会分心，从而陷入为难的多项选择，这不利于你的销售。

第二，你需要打造良好的自我形象，向顾客展示一个自信的形象

从心理学角度来讲，自我形象是人们对自身特有的认知，是个人对自己的性格和能力的自我知觉。优秀的销售人员必须要打造一个良好的自我形象。具体做法是，在生活中，不断地发现自我的内在需求，不断地进行自我激励与自我超越。

只有当你有一个良好的自我认知时，你才能够充分认识自己的优缺点，才能在销售过程中做到扬长避短，让客户看到一个完美的你。

心理学上有一个观点认为自信是会传递的。如果你是一个自信的人，客户会感觉心情舒畅，如果你是一个郁郁寡欢的销售人员，客户会不喜欢你，自然也就不愿意买你的产品。

第三，要学会自我调节，锻炼坚定的品质，抵制厌倦和惰性的情绪

一个优秀的销售人员，一定会是一个善于自我调节的人。他们一定会在销售不佳的时候，积极为自己鼓励打气，会在销售良好的时候，告诉自己要戒骄戒躁。通过不断地自我调节，锻炼出良好的品质，你就会有坚定的品格，就会在实际的销售过程中，自觉抵制厌倦的情绪。

那么，一位优秀的销售人员如何才能进行良好的自我调节呢？

积极的自我暗示是必不可少的。优秀的销售人员在遭遇挫折时，往往不需要他人安慰，而总是会进行积极地自我暗示。当遇到某些不好的销售境遇时，优秀者会对自己说："这没什么大不了的，大风大浪都见识过了，这些小风雨算得了什么，我一定会做得更好的。"之后，他们会更加努力。

另外，一个优秀的销售人员必然要锻炼坚定的品质，使自己成为拥有顽强意志的人，能在面对困难时表现得镇定自若、异常冷静。只有做到这样，你才能在危急关头迅速找到解决问题的办法。当然，你需要在实际销售的过程中，一次次地历练自己。如果你经历了现实的种种考验，那么你就会逐步走向成功。

对于大多数销售人员而言，在同一个工作环境中时间长了，会产生厌倦感，从而影响自己的工作状态。这时学会抵制不良情绪就显得尤为重要了。心理学家研究发现，"厌倦和惰性是自我发展的大敌，如果不加以有效抵制，原本才华横溢的人也可能变得无所作为，甚至沉沦堕落。"

如果要抵制厌倦和惰性这两种不良的情绪，就需要在生活和工作中，适时调整自己的情绪，保持高度的好奇心，不断地激励自己。

综上，如果要成为链家地产的销售精英，或者任何一个其他销售领域的精英，都需要耐心细致地工作，不断提升自己。只要你内心坚强、自信、知识丰富，同时注重细节，你就会成为所在领域的销售精英。

第9章

过度卖面子等于卖病毒

面子在人际交往和社会发展中是一把双刃剑。如果利用得好，能够促进生意的顺利成交；如果利用得不好，则会成为发展的绊脚石。

所谓“卖面子”，我们大致可以从三个角度来理解。

角度一：“卖面子”就是在与顾客的交往中，如果出现了问题，你希望顾客能够给自己一个面子，使大事化小，小事化了，最终顺利地避免尴尬、解决矛盾。

角度二：“卖面子”就是你主动卖给顾客面子，使顾客得到实惠，最终顾客能够欣然购买你的产品。

角度三：“卖面子”就是你过度地为产品进行宣传，突出购买产品能够为顾客增加面子，而忽视了产品的质量，最终会导致销售的失败。

中国有句老话，叫作“死要面子活受罪”。这一俗语就反映了过度讲求面子、卖面子的危害。有时，过度地卖面子，最终害的会是你自己。

如今，“面子文化”已经通过各种途径渗透到了销售中，作为一名合格的销售人员，你要适度地利用“面子”来化解危机，但是如果你的产品出现了质量问题，你还用“卖面子”来搪塞，寄希望于通过面子来化解危机，这无异于饮鸩止渴。

你要知道卖面子不过是一时的营销手段，过度卖面子不可取，只有靠诚心诚意的经营，靠物美价廉的销售，靠真诚的分享，来赢取顾客的信任，才能取得销售的持续增长。

9.1 不要打破熟人商圈的真诚

马云关于“熟人生意”有两句至理名言。

第一句，“熟人买卖，你卖给他多少钱，他都会觉得你赚他钱，卖给他多便宜也不领情！”第二句，“开始创业时你会发现，最先相信你的是陌生人，最先屏蔽你的是好朋友，最先删除你的是酒肉朋友，最看不起你的是同学和亲人。”

这两句话直接反映出熟人生意的不好经营。

做生意难，做熟人生意也许更难，但是作为销售人员，你一定不要破坏熟人圈的真诚，一定要做到诚信经营。这里讲的诚信，一方面是指价格实在，童叟无欺；另一方面是指产品的质量真实，货真价实，问心无愧。

首先，我们来分析一下，熟人生意难做的3大原因，如图9-1所示。

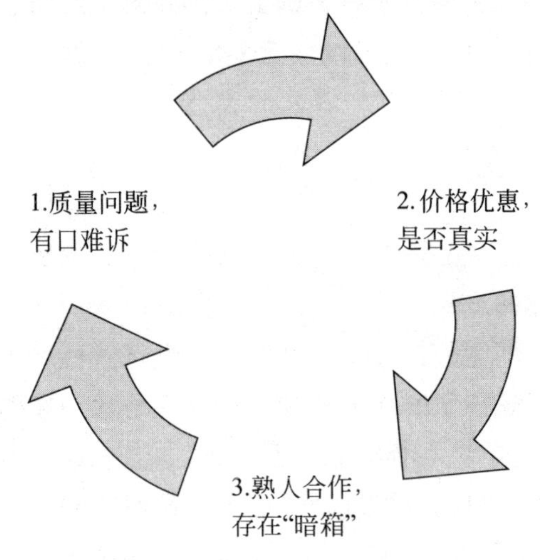

图9-1　熟人生意难做的3大原因

（1）质量问题，有口难诉。只要是产品，必然会存在一定的残次率。作为商家的你，也未必能够发现你的产品中的次品。所以，如果很不幸，你把一件质量较差的产品卖给了顾客，顾客肯定会找上门来，而你也会因为质量问题，真诚地向顾客道歉，并为顾客更换产品，从而化解危机。

但是，如果是熟人，问题就不会如此轻易地解决了。由于顾客与你是熟人关系，当顾客发现产品存在质量问题时，会碍于你的面子，不好说些什么，此时你根本就不会得到熟人顾客的真实反馈，也无法完美解决你产品的质量问题。而熟人顾客却会因此把你拉入他的黑名单。他们会认为，与其在熟人那里被坑，不如到陌生人那里购买，还可以维权。

（2）价格优惠，是否真实。因为是熟人，顾客会觉得你给他的一定是最优惠的价格。可是如果你存在欺骗，给熟人顾客的价格与给一般顾客的价格一样，或者更高，一旦被他们发现，他们就会很生气，从而影响到你们的关系。

另外，作为熟人，你卖给对方产品的时候，会给个优惠价格，但是优惠的时间长短是个问题。如果你适当地给个一两次优惠，还是有助于生意的往来的。可是如果你每次都给予优惠，则可能蒙受损失，但是不给这个优惠，说不过去，也会陷入两难的处境。所以熟人生意难做，也是情理之中。

（3）熟人合作，存在“暗箱”。如果买方和卖方都是公司，双方存在着商业合作。为了促进合作，卖方可能不得不接受一些妥协，比如用对方推荐的关系户，而不是最合理的人员。这种“暗箱”操作却会对双方的合作带来不好的影响。所以熟人生意难做，熟人合作经营会更难。

鉴于以上种种问题，很多销售人员会刻意回避在生意上讲朋友关系，而是讲利害关系。很多大的企业家都信奉“商场上没有永久的朋友，只有永久的利益”这一原则。由于利益为先，所以他们在产品的质量上一定会做得精益求精。

例如，董明珠十分反对在生意上讲面子，她曾经说道：“在生意中，只有原则，没有亲戚和朋友。”“要想建立一个好的文化，你就一定要得罪一批人。”正是她如此地讲求商业经营的诚信原则，才会不顾所谓的人情世故，才会不碍于面子，大胆地表达出她做生意的观点。

归根结底，与熟人做生意的弊端是，一旦熟人之间出现利益纠纷、产品出现质量问题，往往会对双方造成感情上的伤害。如果矛盾得不到解决，双方可能连朋友都做不成，甚至反目成仇。

既然熟人生意如此难做，那么我们就要放弃熟人生意吗?

其实不然，无论与什么样的客户进行沟通交流，一定要遵循实事求是的原则，熟人也不能例外，在与熟人做生意时，你更要实话实说，做到有一说一，货真价实。只有做到了这些，你才能在熟人圈中树立起良好的口碑。

9.2　干货拿出来与客户分享

干货，现在是一个比较流行的词。最初是一个电子商务术语。因为电子商务相关人员，最初在网上分享一些电商的诀窍或者一些新的方法时，不掺杂任何水分或者虚假消息，所以他们的这类分享都被称为“干货分享”。

如今，干货一词已延伸至各行各业。既可以用来表示理论知识中核心观点的传授，也可以用来表述实用方法、实战技能的授予。如果一个人分享的知识，没有包含任何的虚假信息，没有任何赘余的成分或啰唆无用的话语，那么他的分享就属于干货分享。作为一名销售人员，你也要时常与顾客进行与产品相关的“干货分享”。

所谓与产品相关，就是你的干货分享要涉及产品的质量鉴别、价格定位、真假区分、主要面向群体的设定以及产品的具体使用方法等。如果你能够与顾客分享这些干货，顾客也会对你表示感激，往往也会向你分享一些生活上的干货，或者他们所熟知的知识和技能。

作为一名会分享的销售人员，我们要明白，分享最大的意义在于我们能够用心地感染身边的每一位顾客，让那些需要帮助的顾客能够更快地走出误区，特别是能够使他们远离假货的迷惑。也许我们的分享算不上多重要，但是，如果我们的分享使客户获得了相关的产品鉴别知识和快乐，那么我们的分享就是成功的。

当不同的观点在分享的过程中相互碰撞，就会形成出众多的小观点、小经验，这对于我们的成长、成才无疑有巨大的帮助。所以，你在销售时，就尽量把你所知晓的经验分享出来，因为此时你不仅是分享了观点，还收获了顾客对你的信任，迎接你的将是光明的销售前景。

那么，销售人员如何才能把“干货分享”做到最大化呢？以下有三种技巧，希望能够对你的共享销售策略有帮助。

（1）学会聆听。所谓“听话听声”，不会听别人说话的人也不会懂得如何说话。作为销售人员，你要多多聆听顾客的心声，听顾客对产品的种种问题的见解或者他们在生活中遇到的一些事情。你只有做到了这些，才会有谈资，而不是说一些无聊的话。另外，你聆听的过程，客户会看在眼里，记在心里，他们会认为，你的聆听是你对他的尊重。这对你的销售事业是有益处的。

（2）你分享的干货必须是利己利人的。如果你净出一些损人利己的招数，顾客肯定不会喜欢你。倘若你的观点损人还不利己，那么顾客可能会厌恶你。

（3）在你分享干货经验时，你的语言必须是幽默诙谐的，或者是接地气的。一般来讲，顾客都乐意与会生活的人聊天、分享经验，而会生活的人一般都是说话接地气，时常笑对生活的那类人。如果你能做到幽默诙谐，必定顾客会增加对你的好感。有了顾客的好感，你的销售业绩还会不上涨吗？

综上，作为销售人员，你只有懂得分享的意义以及会合理地分享销售业务上的干货，你的销售才会成功。

9.3　以情动人，顾客才会给面子买账

7–11 的创始人铃木敏文曾经说道："现在消费已经完全进入了心理学的领域，而不是经济学。"所以销售人员在做营销时，要以攻心为上，只有攻克了客户的心理防线，才能让客户心甘情愿地买账。

在攻心策略中，屡试不爽的就是以情动人，也就是我们常说的情感营销法。

所谓情感营销，就是在产品的推销过程中，将一些美好的情感注入产品当中，增加产品的人情味，从而感动消费者，促使他们对产品消费，使产品的销量能够从平稳增长状态过渡到快速增长的状态。

接下来，介绍一下情感营销的原则，如图 9–2 所示。

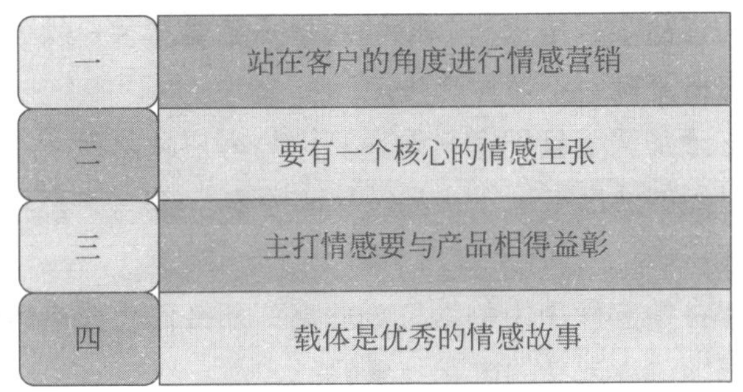

图 9-2　情感营销的原则

原则一：以客户为中心，站在他们的角度进行情感营销。具体做法是，学会将心比心，察言观色，感知客户对产品的看法。客户的内在情绪以及真实心理需求，才是我们需要研究的重点。

原则二：情感营销的营销方案必须要有一个核心的情感主张。这个情感主张可以涉及亲情、友情、爱情，也可以是一些美好的品质，如坚强、乐观、自由等。情感的注入，一般以亲情和爱情为主。适当的时候，也可以注入友情的因素。亲情和爱情是最令人感动的情感，注入这样的情感，客户就会有一种情感的代入，从而促使他们对我们的产品消费。

原则三：情感营销中主打情感要与产品相得益彰。其实很多推销员都曾经做过情感营销，可是他们都失败了。那是因为他们的情感营销法与产品不契合，根本无法真正让消费者记住，其影响力自然也就微乎其微。例如，一

个跟爱情无关的产品，你却硬生生要说与爱情相关，就算编造了一个故事，这样是无法吸引顾客购买的。

原则四：情感营销的载体是优秀的情感故事。一个优秀的情感故事，能够深深地印刻在消费者的心中，让消费者难以忘怀，使情感营销的效果达到最大化。

在销售过程中，如果你能根据客户的购买心理，结合自己的产品特性，为客户讲一个平凡却不平庸的故事，你就能够极大地增加与客户的良性情感互动。优秀的感情故事能够提升客户的满意度，能进一步刺激客户的消费行为。

例如南方黑芝麻糊，它堪称是情感营销的经典。只要一提到它，我们在脑海里就会立即回忆起童年，以及家的温馨与家的味道。这种回忆是情不自禁的，同时也是最为动人的。在平实质朴的表述中，他们俘虏了顾客的心。

因此，作为讲故事的推销员，你的故事一定要与客户的购买心理高度契合，这样才会显得真诚、不矫揉造作。

同时，你必须加强与目标客户沟通。你与客户越熟悉，越能把握客户的心理，就越有可能创造出有利于产品销售的故事。简言之，我们的情感故事必须要能打动客户。

既然讲故事在情感营销中的地位如此高，那么作为合格的销售人员，我们应该如何更好地讲述产品的内涵故事呢?

以下是一些具体的技巧，如图9-3所示。

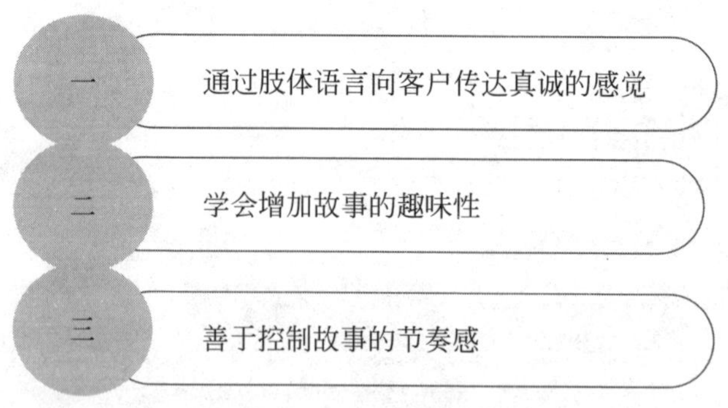

图9-3 倾诉产品的内涵故事的小技巧

（1）通过肢体语言向客户传达真诚的感觉。在讲故事时，你要注意与客户的目光接触。眼睛是心灵的窗户，真诚的眼神也意味着故事的真诚、情感的真诚。一个不懂得与对方目光接触的人，会被认为是一个自卑或者态度傲慢的人。此外，你还要做到表情生动，最好能声情并茂。要迅速进入讲故事的状态，仿佛故事就发生在自己身边。要学会用简洁的语言，把故事讲解得层次分明，有理有据有情。当然，你更要注意把握客户的身份，根据客户的身份地位，选择他们喜欢的用语。

（2）学会增加故事的趣味性。有趣的故事更能吸引人，使客户愿意和你交流。那么如何才能有趣呢？一方面，你的故事要传达一个明确且有说服力的信息，要懂得有趣不是恶搞，有趣是思维的有趣、故事的有趣。另一方面，你需要为自己的故事提供一些视频资源，人们听故事一般都是用耳朵听的，注意力自然很容易分散，而视频可以让顾客很投入地看，会更有趣，更有说服力。

（3）要善于控制故事的节奏。首先，你必须学会向顾客提出问题。当你讲到有意思或感人的情节时，你要适当向顾客提问，问他们的生活感受。你的提问不仅是一种沟通技巧，更代表了你对顾客的尊重。你的提问让顾客更有代入感，会增强故事的宣传效果。

其次，你必须学会为故事预留空间，留下悬念让顾客去想象。这样顾客会有参与感，增加了他们继续听的欲望。

最后，你必须学会及时、漂亮地收尾。不要长篇大论，否则客户会失去耐心。聪明的销售员在讲故事时，都会戛然而止，不做过多的教条式结论，给顾客留出想象的空间。

要想成为会讲故事的销售人员，你需要非常刻苦努力。你可以对着镜子练习讲故事，或者多了解一些讲故事的方法与口吻，增加自己讲故事的熟练度。

综上，情感营销融入到我们产品销售的各个环节。如果情感诉说到位，会使客户印象深刻。通过讲故事的方法进行情感营销是一种不错的选择。情感营销的最终目的就是让你的产品与情感关联，让顾客信任你，喜欢你的产品。只有做到这些，你才能成为一名出色的销售人员。

9.4　罗辑思维6小时入账160万元

《罗辑思维》首创于2012年，自我定位为知识的服务商和运营商。

罗辑思维的创办者与主讲人是罗振宇，他一直秉承着“有种、有料、有趣，在知识中寻找见识！”的理念，以“死磕自己，愉悦大家！”的宗旨进行营销。并因此吸粉无数。曾通过卖会员的形式，6小时入账160万元。

罗振宇的成功，见证了知识创造财富，同时也让传统行业看到了互联网在知识传播中的巨大作用。任何成功的背后，必然存在着推力或者规律。罗辑思维的成功也不例外。

与其说罗辑思维是知识贩卖得成功，不如说是运营有道。我们在羡慕罗辑思维成功的同时，也要学习它的运营之道。

罗辑思维的成功无外乎以下4点，如图9-4所示。

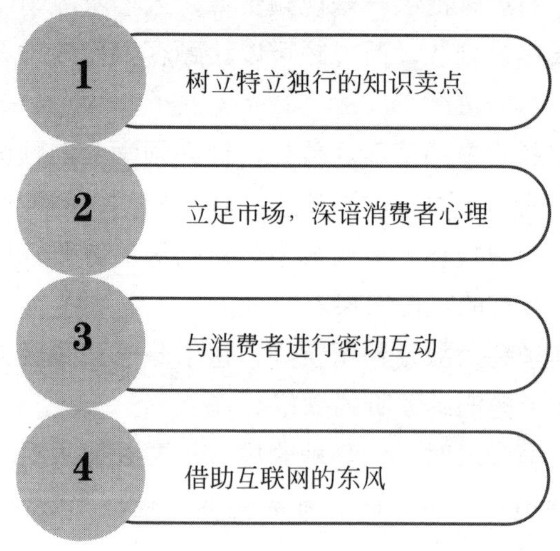

图9-4　罗辑思维的成功营销之道

1.树立特立独行的知识卖点

销售界有一个USP理论，即销售人员要有独特的销售卖点。USP理论大致有三层含义。第一，你的产品要与众不同，必须体现出你的差异性；第二，你的产品必须有特殊的功效；第三，你的产品必须能够快速进入销售状态。罗辑思维很好地实现了这三方面内容，其树立的独特卖点就是与众不同的知识与特立独行的观点，当然还包含一些其他因素，具体分析如下。

首先，罗振宇作为知名主持人，本身就有一定的名人效应，而且罗振宇的镜头感以及语言表达能力特别强，这些先天优势对罗辑思维的迅速风靡有着强有力的推动作用。

其次，罗振宇的文章辨识度高，能做到有趣、有料，涉及范围广。不管是经济学的市场配置还是互联网经济下的长尾理论，还是一些新鲜的学术思想，都有所涉猎。而且行文风格很有特点，获得了很多人的认可。这些人成为了罗辑思维的忠实粉丝以及义务推手，帮助罗辑思维让更多人知道。

最后，罗辑思维的最大优点是留给消费者很高的期待。其幕后团队制作很用心，作品质量高。经过不断地努力和坚持，罗辑思维的特色就形成了，人气自然也就高了，产品也就好卖了。

2. 立足市场，深谙消费者心理

罗辑思维的成功是经过严谨的市场分析，并结合消费者的心理特点，逐渐有了现在的名气。

经过市场调查，罗辑思维发现，现在的年轻人不是不爱读书，而是没有时间读书，不知如何选书。了解了这一现状后，罗辑思维就把握住了年轻人的消费心理，制定了“帮你读书”的销售策略。

通过市场调查，罗辑思维进一步锁定了自己的受众。他们一般都是追求知识、追求趣味性的年轻人，这类人的网络使用率极高。基于以上调查，以及对消费者心理的深度分析，罗辑思维团队把书籍的销售策略定位为“帮助年轻人节约时间，同时为他们提供有品位的书籍”。

3. 与消费者进行密切互动

无论你在何种销售行业，如果想要取得业绩的提升，都离不开客户的推捧。如果你无视客户的感受，只会自吹自擂，也许你会一时飞入空中，但是最终你会摔得很惨。

罗辑思维的成功与和消费者进行密切的互动有着巨大的关系。罗辑思维与消费者的互动体现在两方面：一是书籍评论的互动，二是会员抽奖环节的互动。

一方面，谈一谈书籍评论方面的互动。《罗辑思维》系列书的出版非常注重与用户互动的过程。书中不仅包含罗辑思维的视频内容整理，还注入了大量用户的评论，不论是支持意见还是反对意见或者是一些有趣的插科打诨，罗辑思维都非常重视。可以这样说，如果没有广大用户的参与，罗辑思维顶多是半成品。通过书籍的评论，罗辑思维使更多年轻人感受到读书的快乐，收获了大批忠实粉丝。

另一方面，谈一谈会员抽奖环节的互动。罗辑思维的会员抽奖奖品非常吸引人。

人人都希望撞大运、抽大奖，如果天上掉下来一块馅饼，可能都希望砸到自己的头上。这种心理很奇妙，但这就是人的天性。罗辑思维正是利用人的这一特点，设置了会员抽奖环节。它设置的抽奖资金甚至达到总利润的一半，正是这一庞大资金奖项，吸引了无数人围观参与。消费者的广泛参与使得罗辑思维的名声不断扩大。

4.借助互联网的东风

互联网的好处是能够使人们迅速在网上获取知识，消息能够迅速传到世界各地。随着网络搜索引擎的进一步优化，人工智能的进一步发展，互联网能够为消费者提供更加人性化、个性化、娱乐化的消息或知识。

罗辑思维正是借助了互联网的东风，把自己的知识产品的营销做到了极致。

综上，在知识经济时代，在互联网快速发展的今天，我们销售人员也必须借助科技的力量，综合了解客户的心理需求，使自己的产品能最大限度地满足客户的需求。如果你能脚踏实地的付出努力，无论从事何种销售岗位，你都会有一个光明的前程。

9.5 日本销售之神原一平的销售策略

原一平说：“在没完全气馁之前，不能算失败。”

在日本，原一平被认为是销售之神。许多名人都对原一平有着较高的评价。美国著名作家奥格曼・狄诺称其为“世界上最伟大的推销员”。日本普通民众更是赞誉他为“练出值百万美金笑容的小个子”。

原一平相貌平平，身材矮小，身高仅有145cm。他23岁去一家保险公司面试时，面试官说他不可能成为一名好的推销员，但是原一平不服输，他觉得自己可以做好。最终凭借自己的口才，他进入了这家保险公司。

刚开始的时候，一切都很不顺利。有人嘲笑他个子矮，有人嘲笑他长得丑，但是他并不在意这些，总是幽默化解。当别人说他个子矮时，他就会说“个子矮才显得可爱嘛！”总之，他有许多化解尴尬的方法。

起初人们都不太看好他，认为他会放弃销售这一工作，心灰意冷地离开。但是原一平坚信“对于积极奋斗的人而言，天下没有不可以的事”。正是凭借着自己的积极刻苦，他咬着牙坚持了下来。

原一平有一个特点，无论何时，他都会保持灿烂的微笑，无论是别人挖苦嘲讽他，还是屡次被客户拒绝，他都微笑面对。正是他的乐观精神、灿烂的微笑打动了一位又一位顾客。他的保险业绩在公司里遥遥领先。

当一些同事问他是否有成功的诀窍时，原一平说成功没有捷径可走，不过他还是向同事们分享了一些方法。具体如下。

销售人员每次的访谈时间要控制在3 ~ 10分钟。

销售人员要向客户表达最真诚的关怀，只有这样，才能与客户建立良好的人际关系。销售人员必须要懂得礼节，如果你忽略了一些比较重要的礼节，客户会觉得你傲慢。

在与客户谈话时，要把握轻重缓急。要先讲明自己谈话的重点，要及时聆听，要肯定客户的谈话价值，同时必须要做到声音有魅力。

当同事们问他谈判失败应该怎么办时，他沉默了片刻，说了一些自己的经历。

原一平讲到，自己成为所谓的“王牌”推销员，是建立在无数次失败的基础上的。他说，优秀的推销员要学会把失败当做成功的垫脚石，要有坚持不懈的奋斗精神。

他曾为了拿下一张订单，在客户门前站了整整14个小时；他说自己曾在3年时间里拜访某公司经理60余次，都被拒绝了，可是他并没有放弃，当他又一次找到那位公司经理时，成交额已经是最初谈判金额的6倍。

他说，“毅力和耐力才是推销员夺标的秘诀”。只要你做到了这点，任何客户都会被你的诚心所感染。

在性格上，原一平向来谦和，从来不会表现出傲慢自大的姿态。他对人对事都十分的恭敬，所以无论是客户，还是员工也都对他非常尊敬。

纵观原一平的销售历程，我们不难发现，除了他的内在品质修养外，他的谈话技巧也对销售人员有许多借鉴意义，具体内容如图9-5所示。

（1）讲话要做到发音清晰，逻辑顺畅，重点分明。若口才不好，你就要不断地训练，不断地充实自己。

（2）要语调明朗有磁性。明朗愉快的语调最能够吸引人的关注，要做到这一点，最好的方法就是要大声地朗读，久而久之就会有比较好的效果。

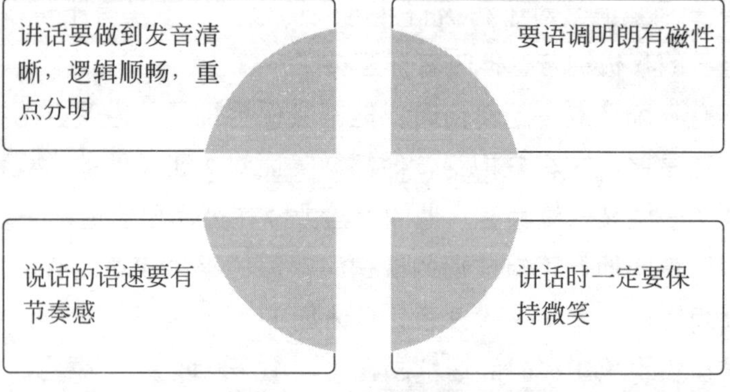

图9-5　原一平的谈话技巧

（3）说话的语速要有节奏感。遇到不同类型的客户，在不同类型的场合，要有不同的语言节奏。例如，遇到语速较快的顾客，你也要说得相对快一些。

（4）讲话时一定要保持微笑。如果你是愁眉苦脸的，那么客户自然也会情绪低沉。而在情绪低沉时，任何业务都不好谈。

销售是一条布满荆棘的道路，如果想要创造奇迹，创造自己的销售神话，必然要用自己的勤奋和耐心走过这条道路。如果你学会以上那些谈话技巧，必定会为你的销售助力！

第10章

为你的客户做好私人定制

随着科技的进步，互联网、物联网的快速发展，消费者在选择产品时有极大的主动性，其需求也更加的多样化与个性化。随着大量新产品的涌现，巨量的信息也困扰着客户，客户可能被一些新颖的产品吸引，而忽视了对产品自身性能的关注。

整体来看，如今的消费市场属于买方市场，买方处于强势地位。因为客户的需求呈现多样化、个性化的特征，目前各种商品的细分市场正逐步崛起。根据这一趋势，销售人员必须要学会洞察客户的需求。

优秀的销售人员，此时则会采取“私人定制”的销售策略。所谓私人定制，就是根据客户的喜好、个性以及要求定制出客户所需要的产品，特点是突出产品的独一无二性，彰显客户的个性。

本章将从6个角度来分析如何为顾客进行私人定制。

10.1 预见顾客的需求

作为一名销售人员，你必须要有前瞻性，你需要在掌握客户当前需求的基础上，进一步预测客户未来的需求，最终做到准确预见顾客的新需求。

那么在实际操作过程中，销售人员应该如何做，才能准确预见客户的需求呢？除了和顾客成为朋友，还有如下一些方法。

（1）你要坚定地守在顾客的身边，给予顾客力所能及的帮助。其实，每一位顾客都希望在他们对产品的功能或具体使用方法存在疑问时，有一名专业的销售人员及时为他们提供帮助。

基于顾客这样的心理需求，作为销售人员，你必须要做到热情，为顾客营造出一个优雅的外部消费环境，并为其提供全面细致的消费指导。如果你能这样做，顾客可以充分了解产品的优势，结合自身情况做出是否购买产品的决定。

（2）你必须要密切关注客户未来的发展需求。无论是精神需求还是物质需求，都要重视。当然你也可以借助实地采访或者问卷调查的形式来获取顾客的未来心理需求，然后根据顾客的心理需求，进一步制定新的营销策略。从而形成良性循环，促进产品的销售。

（3）关键时刻，你要为顾客指出一个正确的方向。如果你能够在关键时刻为顾客的消费提供一个明智的选择，那么顾客会感谢你，并记住你。所以作为优秀的销售人员，你必须要学会和顾客分享所知道的信息。另外，说话风趣幽默会使沟通变得更容易。

综上，只要你能学会换位思考，与顾客打成一片，使顾客的相关利益最大化，那么你一定能准确预见客户的需求，你的销售业绩也会越来越好。

10.2 为客户分忧，让客户对你产生好感

有的人认为赚钱是销售人员的唯一目的。其实不然，销售是为了促使好的产品最快地到达最适宜的人手中，销售在资源的配置过程中，功不可没。

作为销售人员，我们应该明白，销售的最终目的是为了给客户提供更好的产品，让客户能够拥有更多产品资源的选择。只有帮助客户做出更多的比较，与其进行更多的合作，客户才会更加省心，获得更多便利。当我们真正地帮助客户获益了，自然也就有回报。

我们与客户虽然是买卖关系，但并不是对立的，可以理解为是硬币的正反两面，是一种和谐共存的关系。作为买卖双方，都希望找到一个放心的、能够长期合作的生意伙伴。

虽然销售人员要赚钱，但绝不是单纯来要钱的，你要为客户提供最好的产品、最好的服务，为客户分忧。

与客户建立好感的过程是曲折复杂的，我们应当重视与客户的每一次交流，即使失败了，也不要气馁，而要把它转化为下一次交流的经验。只有拥有了这样的心态，我们才能够逐渐获得客户的好感。

那么我们如何做，才能为客户分忧，让客户信任我们呢？具体做法如图 10-1 所示。

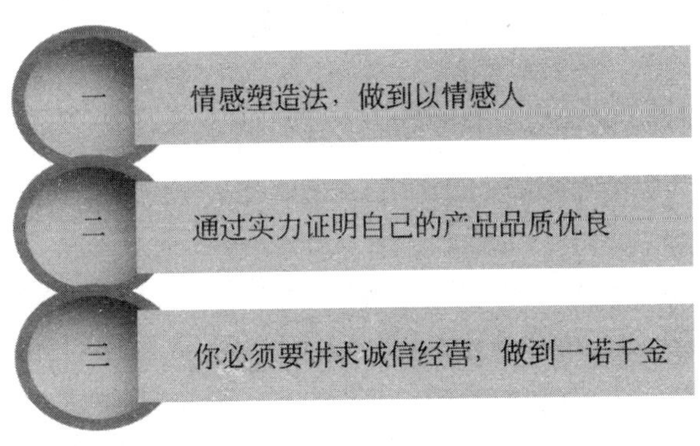

图 10-1 增强顾客信任感的方法

（1）情感塑造法，做到以情感人。作为销售人员，你可以为你的产品打造一个感人的故事。故事主题可以是爱情、亲情或友情。但无论是什么，故事的内容一定要与你的产品相契合，还要想办法展示产品的独特性，让别人能一下子就记住你的产品。例如，你是卖蜂蜜的，你的蜂蜜是纯天然、无污染的，你就可以通过网络直播的方式把蜂蜜的整个生产过程展现在消费者面前，这样客户会觉得你是真实可信的。

（2）通过实力证明自己的产品品质优良。作为销售人员，你可以拍摄展示产品独特之处的照片，可以通过展示与客户的聊天记录来证明客户对你的高度信任，也可以发布一些真实收款截图，还可以是工作环境真实写照。总的来说，就是想办法把你的优势展现出来，让客户一目了然，相信你的产品！

（3）你必须要讲求诚信经营，做到一诺千金。诚信经营是商家的立身之本，无论你是实体营销还是网络营销，都必须遵循这项原则。具体要求是，30天内商品如果出现问题，必须包换，7天之内出现问题，则必须无理由退款。如果立下这样的承诺，且能如实兑现，那么就会大大减少顾客的担忧，使他们逐渐增加对你的信任。

作为一名优秀的销售人员，我们要学会差异化营销。具体来讲就是要因人而异做销售。对一些成功人士，我们切忌点头哈腰，要做到不卑不亢；对一些社会地位较低的客户，我们切勿咄咄逼人，强势营销。此外，我们要永远怀着一颗谦卑的心做人做事，在与客户交流的过程中，要时刻把客户的事情放在心上，要考虑周到，做到全心全意为客户分忧。

10.3 开诚布公地与顾客谈

乔·吉拉德是美国也是世界上最著名的汽车销售员，他曾经创下吉尼斯汽车销售纪录：12年内平均每天销售6辆汽车，该纪录至今无人打破，可谓是销售界的奇迹。

乔·吉拉德曾经说过：“最重要的事情就是要对自己真诚，并且就如同黑夜跟随白天那样的肯定，你不能对其他人虚伪。”

销售人员应该常听到这样的话：“在建立信任之前不谈产品，在塑造价值之前不谈价格。”说的也是要建立与客户的信任。

一位外国学者曾经做了一个实验，实验的内容是让人们说出自己喜欢的描述人们的个性品质的词语，同时要说明喜欢的程度。在排名结果中，位列前八位的词语分别是：真诚、诚实、忠诚、真实、理解、理智、可靠、信得过。

我们不难发现，这八个词语中，有六个都与“诚”相关，这位学者还发现，在人们最不喜欢的个性词语中，虚假排名第一位。

作为销售人员，我们更应该做到诚信经营。在销售过程中，销售技巧很重要，但技巧决不能超越甚至取代销售员诚恳的态度。销售人员应该开诚布公地与客户交谈，诚实守信地做事，最终才能赢得顾客的信任，成为销售场上的赢家。但对于大多数销售人员来说，在激烈的商业竞争和商业谈判中，想要很快与顾客建立信任关系，是一件比较难的事情，这需要长久的坚持和不断的努力。你要做最真实的自己，只有这样，你才能最快地获得对方的信任。

做真实的自己，需要你能够对自己和自己的产品有一个很客观的评价。例如，当你与顾客首次交谈时，你可以开门见山地讲，“我这个人别的都好，就是有一个小毛病，怕顾客不清楚，会说得比较多，如果您已经知道了，不想听，可以直接告诉我。”

这样做，客户会觉得你是一个坦诚实在的人，那么对于你的产品介绍，客户也会觉得可信度较大。

当你与客户的关系有了进一步的发展时，你可以这样讲，“您是最优质的客户，您对产品有任何不满意的，请随时告诉我，我会立即向厂家反馈，解决您的问题。”

这样做，客户就会觉得你是一个尊重人的销售人员。尊重他人的人也能够获得他人的尊重与信任。

综上，开诚布公谈销售，就是要注重自己对顾客的承诺，也要注重自己的产品质量。如果能够在产品质量上使顾客信服，在交流中尊重顾客，那么你自然而然也会受到顾客的欣赏，你的销售业绩也会提高。

10.4 对客户的原因要刨根问底

对于客户的任何质疑，销售人员要做到知无不言，言无不尽，尽量使顾客对你和你的产品满意，这样你的销售事业才会有更大的进步。

然而现实生活中，很多销售人员做不到这些。面对顾客的提问，他们会很不耐烦，这样往往造成了顾客的流失。

那么应该如何做，才能机智应对客户的牢骚与质疑，更好地与客户交流，促进产品的热卖呢？具体分析如图10–2所示。

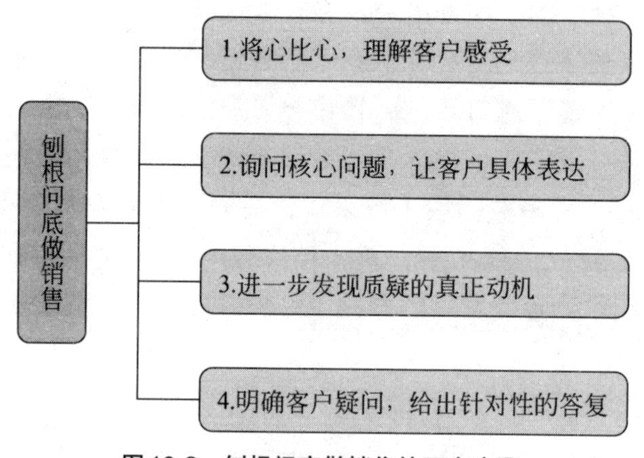

图10-2　刨根问底做销售的四个步骤

步骤1. 将心比心，理解客户感受

面对客户的牢骚与质疑，不要直接采取“针尖对麦芒”的态度，要学会将心比心，要站在客户的角度去思考，这样，当客户有质疑时，我们才能理性倾听，并做出有策略的回答。

例如，当产品出现质量问题，顾客非常愤怒时，我们应该积极应对，“产品竟然存在这么大的问题，是我们的责任，请您消消气，我们现在就上报总部，一定会给您一个满意的答复。”这样的话，可以缓解客户急躁的心情，也便于处理问题。

步骤2. 询问核心问题，让客户具体表达

当你详细地了解了客户的核心困惑时，先不要急于回答，而是要进一步询问顾客，让客户自己对核心困惑做出更详细的说明。这样做有两个好处：一是表明你对客户的尊重，二是通过进一步地聆听，获取更为有效、更加重要的信息。简言之，我们销售人员要做的就是在没有全面了解客户的真实需求时，尽量做到倾听客户的声音。

步骤3. 进一步发现质疑的真正动机

任何质疑的背后都潜藏着动机。当客户埋怨产品价格高时，他们往往不会直接提价格高，而是会变相地质疑，比如，质疑产品是否为高仿品。此时，我们就应该把握住客户追求物美价廉的心理，进行合理地解释。例如，我们可以这样说，“产品绝对童叟无欺，我以自己的信誉以及店面的信誉担保，如果出现质量问题，假一赔三。当然，鉴于您是初次购买，为了以后的长期合作，本产品我可以给您一个九折优惠，您看怎么样？”

如果你能把握住客户的真实心理动机，想到并且说出客户所需要的价值，打消客户的顾虑，交易成功是很自然的事。

步骤4. 明确客户疑问，给出针对性的答复

所谓做事要有针对性，这样办事效率才会高。作为销售人员，你更应该如此。当你明确了客户的疑虑时，你就要学会跟进客户的疑问，说出解决的办法，及时地为客户解决问题，从而赢得客户的信任。

当然以上这些只是宏观上的一些策略，在具体实施过程中，还需要遵循一定的原则，具体如下。

（1）遵循循序渐进的原则。刨根问底是一门艺术，而不是简简单单地直接询问。我们要在综合了解客户的性格、产品的问题症状后，再根据客户提供的信息，一步步地进行回应，这样才能顺利地把事情解决。

相反，如果你不管三七二十一，直接用一种简单粗暴的方法进行询问，可能会激怒客户，即使你的本意是好的，也未必能得到客户的谅解。

（2）要做到知己知彼，不要把客户都想象得特别友好。所谓知己知彼，百战不殆。销售人员要做的就是对客户的性格心理了然于胸。

虽然说“顾客是上帝”，但并非所有的顾客都是上帝。对于一些无理取闹、恶意攻击的顾客，你就要区别对待，如果他们做得太过分，你就要找相关部门协商，甚至通过法律手段来维护尊严及信誉。

（3）要有良好的工作态度。良好的工作态度在销售工作中的具体表现为热情周到、文明礼貌、尊重顾客。

也许你认为这不过是一句口号，是一件很简单的事情。其实在落实的过程中，能坚持下来的寥寥无几。

所谓坚持就是胜利，只有那些在实践中践行这些原则的销售人员，才能

够在销售的道路上越走越远。具体做法是，在工作时段始终保持积极的工作态度，提供最真诚的服务，给顾客留下最深刻的印象。

另外，在面对不同性格的顾客时，要在因人而异的基础上，尽量做到保持足够的耐心。这样做不仅可以使顾客满意，赢得顾客的信任，更能够促进口碑传播。

总之你在销售工作中，一定要秉持“没有最好，只有更好”的信念，坚持良好的工作态度。

综上，作为一名优秀的销售人员，你要从多方面了解客户的问题，要带着好奇心，发挥刨根问底的精神，让客户多说话，自己多聆听，这样才能获知客户最真实的想法与需求，我们的销售工作才能更具有针对性，更有效率。

10.5 把你的服务进行量化、数字化

在知识经济时代，销售人员也必须顺应时代的潮流，用知识武装自己的头脑。在数字化迅速发展的今天，在销售过程中也要运用量化和数字化的方法。

其实，我们所说的“量化”，就是根据自己的工作效率以及任务的安排或者问题的实施难度，综合分析，为自己定制一个可以“量化”的销售方案。用量化处理生活问题是将科学的方法引入日常生活，以便达到良好的自我认知，从而对自己的语言和行为有一个更理性化的认识和掌控。

例如，你是一位儿童服装销售员，在你初入行的时候，你可以为自己定一个“一天销售3件服装”的小目标，当你工作的时间长了，工作能力及效率都提升了，你可以进一步提高自己的目标。通过这样的量化方式，你可以看到自己的进步，可以对自己的销售能力有一个比较客观、比较全面的自我认知。

所谓“知人者智，自知者明”。通过长期地自我量化销售，你的工作效率会越来越高，你的自信心也会逐渐增强。

量化的行为体现在生活的方方面面，当你用微信小程序记录你的走路步数时，你就是在进行量化式的生活。当你在为自己的销售制作一个近期目标或者长远目标时，你也是在进行量化式的生活。

量化蕴含的是一种数字化的发展趋势。量化在生活与工作中所表现出的数字化，不仅仅体现在个人的发展规划中，更是如今社会发展的一个大趋势。

作为与时俱进的销售人员，我们要在数字化的潮流中，运用量化及数字化的技巧来为自己的销售服务。

所以，销售人员要学会在销售中实施数字化管理的策略。

所谓销售数字化管理，是指销售人员积极利用高科技手段为顾客提供更便捷的产品和服务，从而进行更为有效的营销。高科技手段是指综合利用网络技术、计算机技术以及人工智能技术来提供服务的手段。具体要求是，在互联网的支持下，积极利用大数据对市场进行细分，把握住与你的产品最契合的消费人群，实现精准营销，这样才能在饱和的市场下分得一杯羹。

在我们的工作中，无论是销售工作还是其他各行业的工作，进行数字化管理有着很多的优势，具体优势如图10–3所示。

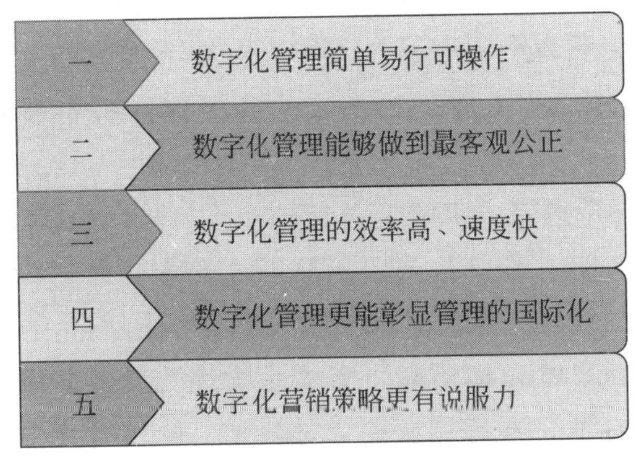

图10-3 数字化管理的优势

（1）数字化管理简单易行可操作。只要肯下工夫学习，数字化的思维是我们销售人员很快就能学会和掌握的一种知识和思维方式。

（2）数字化管理能够做到客观公正。例如，现在上班打卡系统，就是数字化管理的一种绝佳体现。作为考勤，能做到客观公正。这样在进行工资评定时，就能够做到有据可依。

（3）数字化管理的效率高、速度快。利用网络技术获得的大数据信息，使我们能够高效地掌握产品的市场综合信息，从而为我们提供决策依据。总之，数字化管理能够帮助我们进行更科学的决策。

（4）数字化管理更能彰显管理的国际化。如今在国际商业交往中，数字化基本上已经成为了通用语言，在日常的销售中，如果能够做到数字化管理，你的销售工作可以更加科学地进行，会取得更好的成绩。

（5）数字化营销策略更有说服力。无论是对普通群众还是权威专家，在有理有据的数字信息下，都会选择信服。

接下来，为大家讲一个生活中常见的数字化销售管理的案例。

案例

北京有一家超市，由于地址选择合理，人流量特别大，消费顾客络绎不绝。每当购物高峰时，超市内简直是人山人海，每个收银台前都会有很多人等候。

等候的时间是令顾客焦虑的，因为等待浪费了他们的时间。可是又不得不等待。

这家超市的销售主管是一名很有策略、很爱思考的销售管理人员。当她了解到这一情况，就提出了数字化的管理策略。当看到所有收银台都排起长龙时，就立即进行高效率的管理，从而顺利度过紧张的时刻。

她的数字化管理策略其实就是“劳动力的优化组合”。

虽然收银员只负责收银找零，然而人太多的时候，这件事又会变得特别的繁琐，一个人根本顾不过来，效率很低。

销售主管的策略是调动超市所有员工进行服务。考虑到收银员的效率低，她就安排超市的营业员帮忙找零，收银员只负责结算收取即可。考虑到人流量大，秩序混乱，她就安排超市的保洁人员和保安负责维持现场秩序。同时提醒等候结账的消费者注意遵守秩序、礼让老弱孕残、提防扒手。当然，他们的这些劳动，会根据时间来给额外的提成。

这样的做法一方面保证了管理的高效，另一方面又提高了一些人的工作积极性。可谓一举两得。

综上，不难发现，该超市的成功就在于量化的服务，以及数字化的优化管理策略。

但是在进行数字化管理时，我们也需要注意以下情况。

（1）数字化也会存在偏差，我们无需一味追求数据的完全精确。数据只是为我们的营销管理提供了一个营销方向或者为我们提供了一个思路。过于追求数据的精确，则会投入大量的时间与精力，反而会浪费时间与成本，最终会得不偿失。

（2）在进行数字化管理策略时，我们可以很好地利用“二八法则”，有针对性地把主要产品推送给20%的忠实客户，让他们进行产品的购买。只要抓住了老客户，你的销售业绩自然不会差。

任何事物的发展都存在两面性，数字化的发展也是如此。数字化的管理策略自然也是利弊共存的。

随着技术的发展，数字化首先为我们带来了诸多的便利。同时，数字化营销的最终目的就是要更科学、更准确、更全面地为客户服务，这些基本上也做到了。

数字化经营管理中也存在一些不合适的行为。例如，商业机密数据的盗取、网络黑客利用数字解密进行病毒的传播等。当我们的隐私随着数字化的发展不再属于隐私的时候，我们就要更加仔细地走好每一步。

历史总是向前发展的，未来社会的面貌我们无法准确预测。但可以肯定的是，未来的社会一定是科技化的、数字化的。因为在过去十年，我们已经体验了科技带来的极大便捷效果，随着人类科技的进步，数字化的浪潮必定势不可当。在未来社会，无论从事何种行业都要学会运用数字化的思维来为自己的工作服务。

总之，数字化会为我们带来一种更为高效的思维方法。但同时我们要注意摒弃沉迷于数字化，一切以数据为基准的呆板思维模式，学会灵活变通。最后在我们的销售过程中，注入数字化、量化的思维方法与工作方法，更好地为顾客服务，从而进一步提升我们的业绩。